青春文庫

あなたに奇跡を起こす

笑顔の魔法

心から笑えなくても大丈夫

のさかれいこ

青春出版社

はじめに

笑顔セラピーを始めて、早いものでもう32年がたちました。

「笑顔」と「ありがとう」、そしてもうひとつ「プラスの言葉」、人生でこの3つを合わせて使うと、目覚ましい効果が得られることがわかってきました。

その効果は、この32年間で笑顔セラピーの受講をしてくださった1万人以上の方々によって、はっきりと証明されました。その間に、笑顔の本、ありがとうの本、あわせて17冊の著書を出版することができました。

そこで「笑顔」、「ありがとう」、「プラスの言葉」の3つの方法を合わせて、よりわかりやすくて実践しやすい、決定版ともいうべき本を出版したいと思っていたところ、青春出版社さんとご縁があってチャンスをいただき、この本が生まれたのです。

必要な時に必要なチャンスが訪れる幸運……まさに私がいつも皆さんに申し上げていることが起こったのです。あらためて「笑顔」と「ありがとう」による夢実現の力の強さと不思議さを思います。

この本を手に取ってくださったあなたは、仕事に家庭生活、恋愛、人間関係……と、幸せを求めて一生懸命に頑張っていらっしゃると思います。それで、もう十分な充実感や幸せを味わっていらっしゃるでしょうか？

もしまだ、自分らしく納得できる素敵な人生を手に入れられていなかったら、不満や不安、悩みがあるなら、幸せの見つけ方をちょっと変えてみませんか？

この本を手引書にして、いえ虎の巻にして暮らしてみてください。

誰でも例外なく、必ず幸せに出会える、とっても簡単、確実で実践しやすいノウハウをお伝えしています。

もし、やってみても幸せになれなかったら、もう一度じっくり読みなおし、やり方の中でどこか間違ってないか、幸せになるための邪魔物を心に宿していないか、調べてみてください。

原因が見つかれば、それを取り除く方法も書いてありますし、うまくいかないケースの理由も書いてありますから、そこを訂正すれば、必ず素敵な、あなたらしい人生を手に入れることができます。

なぜなら笑顔セラピーは、知識の勉強でも精神論でもなく実践論だから。それも絶対法則である真理（大自然の法則）をベースにして作った実践論だからです。

あなたらしいライフワークを見つけて、ゆるぎない幸せを手にするヒントも紹介しています。

しかし、この本に書いてあることを読むだけでは、何も変わりません。

必ず実践してください。

そうすれば、このシンプルな方法があなたの人生を笑顔いっぱいにし、安らぎと喜びに満ちた暮らしにしてくれます。

その時、この本に出会ったラッキーを実感されることと思います。幸せを手にできた方々から、いつもたくさんの感謝のお手紙やメールをいただきます。あなたも幸せになれたら、ぜひお便りくださいね。

楽しみにお待ちしています。

いま世の中が大変行き詰まって、とても深刻な状況です。

２０１1年3月の東北の大震災、そして原発の事故、熊本の地震、北朝鮮の核開発とアメリカとの衝突、環境問題他、政治の力では解決できないことは、誰が見てもわかるのではないでしょうか？


１９７3年から10年の間に地球上で起きた自然災害の数は、およそ１５００件、１９８3年から10年間に起きた自然災害の数は約３５００件、そして１９９3年から10年間では約６０００件です。倍々に増えていっているのです。ならば、２００3年から２０１２年までの10年間では１２０００件くらいになっているでしょうか？　ちなみに、台風の威力はこの間に2倍になっているといいます。


なぜこのように増えていくのか？

実はこれは天災ではなく人災のようです。

1章で詳しく述べますが、実は見えないエネルギー（東洋では氣という）の問題のようです。

「氣」は単純にいうと命を生かす良いエネルギー（昔の人はそれを徳と呼んだ）と、命にマイナスに働く悪いエネルギーに分けられます。

人間の焦りや欲望、競争や戦いのエネルギーは強烈なマイナスエネルギーですし、不自然な化学物質からもマイナスのエネルギーが出ています。

いま世界中にあふれているこれらのマイナスエネルギーは、水と鉱物にいち早く吸収されるのです。地球は水と鉱物でできていますから、地球にどんどんたまっていきます。

また、福島の原発から流れ出た放射性物質で、原発近隣の方々はもちろん、日本中世界中が大変な被害を受けています。実は、順調に稼働中の原発からも、我々の知らないところで、海にも空にも年中放射能がたれ流されているようです。

日本では、少し前まではドラム缶（そばに5時間いただけで致死量の被爆をするようなものもあるという）に入れられた放射性廃棄物が海に捨てられていたそうですが、さすがにそれは環境によくないので、いまは青森県の六ヶ所村に置いてあるそうです。

アメリカの海では、海底の地中に、毎年9万個以上の放射性廃棄物を入れた箱が埋められ続けているといいます。これらは科学の力では毒性を処理できないので何百年間も放置するしかないのです。

放射能、農薬などの化学物質や我々の意識がもたらすマイナスエネルギーを地球がたくさん吸いこんで、たまりにたまった時、これ以上はプールできない状態になった時、それを振り払い放出すべく天災が起きるようなのです。

そして水不足も深刻です。

地球上の水の中でおよそ1パーセントが真水です。人類による水の汚染がなければ、この量で世界中の生きとし生けるものが十分に生きていけるのです。

しかし、現実には毎年約400万人~500万人が、安全な水が飲めずに亡くなっていく。このうち約半分が子供たちだといいます。世界中で戦争で亡くなる人数の10倍近くにあたるのです。

水は放射能汚染、世界中で大量に使われる農薬の汚染、我々の意識による汚染などで汚れていくのです。水道水中にもこれらの影響が忍び寄っています。

海のプランクトンの半分は死滅しました。

地球上の緑地の約3分の1を失いました。

私達は生き方を変えることで、これらのマイナスエネルギーを出さない生き方、文化をつくる必要があります。しかもかなり急がなければ、間に合わなくなりそうです。しかしどう考えても方法は見つからず、行き詰まりの様相です。


少しつらい話をしてしまいましたが、実は、それでも地球も人類も大丈夫なのだ、ということを私は言いたいのです。そのためにこの本を書いたのです。

人類には救いの方法が与えられているのです。

それは、人間の意識はどんな現実をも変えるということです。

これは学校教育では学ばないことですが、真実です。

人間だけが使える言葉、この言葉には想像力があるのです。

「自分の考えた通り、言葉通りになる」という法則はその他のどんな科学的法則よりも、優先して働くのです。

例えば、『不食の時代』というドキュメンタリー映画の主人公、森美智代さんはふっくらとしておられますが、1日青汁1杯で15年間お元気で暮らしておられます。

1881年帆船ララ号は、サンフランシスコに向かう途中火事を起こし、乗組員数名は救命ボートで3週間漂流しました。

飲み水も枯渇していたのにどうして生き残れたか？

冷静な船長は、「拷問のようなのどの渇きの中、我々は海の水が真水に変わっていくところを想像した。最後の力をふり絞って海水をすくって飲んでみたら、真水の味がした」と語りました。人間が水を飲まずに生きられるのは普通1週間が限度ですから、不思議な出来事なのです。

この2つの事実を見ても、科学では計り知れない事が実際に起こることがわかります。

つまり、私達の意識の力をもってすれば奇跡は起こせるということです。

原発の問題も、私達の意識の力で収束できるということです。

皆が平和を思い、大調和を思うことで、この行き詰まりの地球環境問題や戦争や

テロをなくし、平和も調和も必ず実現してゆくのです。

いま私達は生き方を変える最後のチャンスです。

いますぐ変わらなければ道はとざされます。

その大きな転換点になったのが、東北の大震災のようです。

阪神大震災から始まり多くの地震で日本列島は変わりました。

その後も、幾多の台風により大きな被害がありました。

東北や熊本など被災地の皆様の尊い愛と強さのお陰で、日本列島は変わったのです。心からの感謝をおくります。命の危険と隣り合わせの中、暴動も起きず、愛のあふれる助け合いが行われ、世界中が感動しました。そして、日本中いや世界中の人々の愛が東北地方に集り、日本列島を変えていきました。

大切なことは、他を愛するというプラスエネルギー、つまり徳を積むこと。

そうすれば人生の根っこが大きく伸びるので、その結果、実（お金や物）もたくさん成り、花が咲き（社会的な立場、仕事や出世）、葉っぱ（人間関係、愛）が茂り、そして枝（健康）がグングン伸びるのです。あとは季節（人生の自然な流れ、チャンス）を待つだけで、枝も葉も青々と茂り、美しい花とおいしい実をつけるのが絶対法則です。

根っこが伸びる生き方とは、ギブの生き方です。

競争社会はお金や地位をよりたくさんテイクする（取る）ことがよしとされてきました。しかし、テイクの生き方は根っこを枯らす破滅的な生き方なのです。地球上の人々が競ってテイクの生き方に走った結果、地球環境が最悪になり、病気が蔓延し、天災が多発したようです。

私は皆さんに社会活動家になるべきだとお伝えしているのではありません。**私が言いたいことは「皆さんは、もっともっと幸せにならなければいけない」ということ。そしていま、本物の幸せを手に入れるベストチャンスであり、ラストチャンスだということです。**

自分が幸せになると、まわりが幸せになります。

だからあなたには幸せになる義務があるのです。


この本を手掛かりに、しっかりと幸せになってください。

間違いなく幸せになれる方法と考え方を責任をもって書きました。

その方法は、「誰でもできて、世界一簡単な方法で副作用なし、効果は確実」。

これは体《てい》のいいお題目ではなく、あなたと私との約束です。笑顔セラピーには、この方法で幸せになったたくさんの体験者がいらっしゃるのです。

真剣に信じて実行していただければ、あなたの人生は、かなりの速さで、心が満たされ幸運に満たされていきます。

「信じて実行、そして真剣に実行。本氣で実行」

必要なことは、ただそれだけです。必ずあなたの人生が幸せになる、その保証をさせていただくための必要十分条件です。

後戻りなし、幸せ目指しての旅をご一緒に始めましょう。

最後に、この本の編集に尽力いただいた青春出版社の中野様、川本様、スタッフのはるか様、大様そしていま一人でも多くの人に幸せのプログラムを伝えようと、献身的に笑顔セラピーを支えてくれている私の宝、笑顔セラピストの仲間たちに心から感謝します。

無限の無限の幸せが無限に無限にいっぱい。

無限の無限の喜びが無限に無限にいっぱい。

ありがとうございます。

西宮、INORIルームにて　　　　のさかれいこ

（野坂礼子）

あなたに奇跡を起こす
笑顔の魔法

目次

序章＊〝幸せ〟への扉は、意外なほど身近なところに！

1章 心から笑えなくても、笑顔をつくれば人生は絶対に変わりだす

2章 笑顔＋「ありがとう」で、つらい状況がリセットされる不思議

3章 ❋ 心の習慣《クセ》を見直すと、さらに毎日が気持ちよく回りだす

4章 ＊内なる声に耳を澄ませば、〝本当の自分の役割〟が見つかる

5章 「愛」と「やりがい」に満たされた、最高の幸せをいま生きる!

本文イラスト　池田 須香子
本文DTPデザイン　リクリデザインワークス

序章

“幸せ”への扉は、意外なほど身近なところに！

もっと自分を好きになるために

「ありがとういっぱい　笑顔いっぱいの　私がすき」

私は拙著にサインを頼まれると、自分の名前に加えて、この言葉を書いて贈ることがよくあります。私が主宰する笑顔セラピーのシンボルマーク「えくぼちゃん」のイラストを添えて。

なんでもない単純な言葉のようですが、これは、幸せになるには「笑顔」をつくることと「ありがとう」という言葉をつねに唱えることのふたつをとにかく数多く実践することが大切という、私からのメッセージなのです。

最後の「私がすき」という言葉は、読者の方へのエールです。

幸せな人に共通して言えることは、「自分が大好き」で、いいところも悪いところも含めて、「いまの自分を肯定していること」だからです。

幸せに暮らしている人たちに会ってお話を聞くと、「自分のことは大嫌いだけど、いま、とても幸福です」という方はいらっしゃいません。幸せな人は、自分のいいところも悪いところも含めて自分自身を受け入れ、愛し、いまここにいる自分に対して肯定的なのです。

ところが、「幸せになること」を目指して笑顔セラピーを訪れる生徒さんたちは、よく「いまの私は笑えない、感謝の気持ちが湧《わ》かない、毎日が楽しくない、幸せじゃない」とおっしゃいます。こういう方は、自分を好きではなく、いまの自分に対してとても否定的なのです。

生徒さんの中には、まじめで優しく、純粋な方がたくさんいらっしゃいます。にもかかわらず、「私なんかダメだ」「よいパートナーや仲間ができない」「自分の道が見つけられない」「人生が思いどおりにいかない」「体調が悪く気持ちが不安定だ」などと、次々と悩みを口にされます。

繊細で傷つきやすく、内省的で向上心があり、とても理想が高いのでしょう。

「いまの自分を好きになれれば、すぐに幸せになれるのに」と思うのですが、そういう方に「幸せになりたかったら、どうかいまの自分を好きになってください」と私がアドバイスしたところで、どうすれば自分を好きになれるのかと、途方にくれてしまうでしょう。

ところが、やればだれでも必ず「自分を好きになり、幸せになれる」という、これはもう魔法と言わざるを得ないすばらしい方法があるのです。

それが、「笑顔」と「ありがとう」なのです。

✻✻✻だれもが持っている不思議な力

私が32年続けてきた笑顔セラピーは、「笑顔」と「ありがとうございます」を核に据えたセミナーです。

小人数制のこじんまりした講座ですから、毎回、とても親しく受講生の皆さんとお話しできています。また、セラピーが終わってから、質問や相談を受けて私がお答えする質問勉強会があり、その席上で、受講生の方々は、受講し始めてからその日までに起こった出来事を聞かせてくださいます。

「『笑顔』と『ありがとう』を実践していれば運命が変わりますよ、幸せになれますよ」と、日ごろから受講生さんたちにお話ししている私ですが、それでも、「前回お会いしてからまだ1カ月もたっていないのに！」と驚くほどの大きな変化が起こっている方もいらっしゃって、もう不思議としか言いようがありません。「いままで就職試験を落ちてばかりだったのに、就職口が決まった」「職場での人間関係がよくなった」「あきらめていた持病が軽くなった」などなど、多くの皆さんにうれしい変化が起きているのです。

何よりうれしいのは、そうおっしゃる皆さんにお会いする度に、目の輝き、表情や声、話し方、姿勢まで、初めてお会いした時とは別人のように変わられ、イキイキとすてきになられていることです。

これはもう、私個人の力ではありません。まさに「笑顔」と「ありがとうございます」の魔法力です。大阪や東京、名古屋、岡山、福岡、広島など、どの教室の生徒さんからも、そんなうれしい報告を続々と受けています。

人生が変わった青年の話

「笑顔」で人生が変わった一例として、大阪の笑顔セラピーを卒業された20代の山本君のお話を紹介しましょう。

彼はあることがきっかけで深く傷つき、悩み、自己卑下し、「とにかく自分を変えたい」と自己啓発セミナーなどに通い、笑顔セラピーに来るまでにも合計100万円くらい投資したのだそうです。時間もかけ、バイト代もつぎ込んで、こんなに自分を変えたい、と頑張っているのに、一時的には変わったように思えても結局は変われない自分が、嫌で嫌でしょうがなかったようです。

あとからお聞きしたのですが、笑顔セラピーに来る時も、「どうせ、変わらんやろ。けど、まあ、笑顔をつくってソンにはならんしな」というくらいの気持ちで受講されたとか。

三日で20万円もする自己啓発セミナーでも変わらなかった自分が、受講料がとても安いこのコースで変わるわけがないと思っていたとのことでした。

彼はふたつのアルバイトをして生活しています。そのひとつが、街頭でのポケットティッシュ配りです。2~3時間配る間に50人ぐらいは、「こいつ、刺したろか!!」と思うような嫌な人に遭遇するのだそうです。彼を無視して通り過ぎるだけならいいのですが、ティッシュを受け取ったあと目の前でポンと投げ捨てたり、「いらんわ」と面と向かって言われたり、からまれたり……。時給はいいのですが、精神的にヘトヘトになってしまうので、1日2～3時間が限界だということでした。

笑顔セラピーでは笑顔をつくる練習として、笑顔体操（37ページ参照）をお伝えします。

教室で笑顔体操を習った翌日、山本君はティッシュ配りのバイトに行ったのだそうです。

「せっかく習ったんやから、笑顔の練習をしながら配ったろ」と思い、彼は歩いてくる人の目を見て、頬の筋肉を上げることを意識して配り始めました。

すると、いつもと違って「刺したろか!!」というような嫌な人がひとりも現れません。それどころか、感じのいい人が多く、ティッシュを差し出すと気持ちよく受け取ってくれるようになりました。だんだん楽しくなってきて、5時間配っても6時間配ってもいっこうに疲れず、用意されたティッシュをすべて配り終えた時にも、まだ余力がある感じだったそうです。

山本君のもうひとつのバイト先は、大手チェーンのコンビニです。

彼にとって、店内の商品の入れ替え作業などは苦にならないのですが、接客については自信がなく、お客様の顔も見ずに、流れ作業のようにレジをやっていたのだそうです。店長には、「サービス業なんだから、もっと笑顔で明るく」としょっちゅう注意されるのですが、なかなかできず、自分には無理だと半分あきらめていたようです。

ある日のこと、数日中に本部から覆面チェッカーが来るらしいという噂が出て、店長に、「ここ数日は特に感じのいい接客を」と申し渡されたのだそうです。覆面チェッカーというのは、一般のお客さんのフリをしてお店に入り、お店のディスプレイや接客態度を査定する本部の調査・指導員のことです。もし彼のシフトの時にチェッカーが来たら、店舗の接客サービスの評価は彼の態度いかんで決まってしまいます。失礼があれば、バイトをクビになってしまうかもしれません。

ティッシュ配りの時の体験で少し自信がついたこともあり、山本君は一念発起しました。レジでカゴを受け取って「いらっしゃいませ」と言う時と、お釣りを手渡して「ありがとうございます。またお越しください」と言う時の2回、お客様の目を見て、頬の筋肉を上げ、笑顔をつくるようにしたのです。それまでは、明るい接客は自分には無理と思っていたのですが、意識して笑顔をつくってみると、口角が上がるからか、声も明るく大きく出せるようになったそうです。また、お客様にも微笑み返してもらえるので、そのうち覆面チェッカーのことも忘れて接客に集中できるようになったのです。そして、いままで長いと感じていたバイトの時間も、あっという間に過ぎるようになったといいます。

しばらくして本部から連絡があり、山本君の接客サービスがほめられて、店長もとても喜んでくれたそうです。自分が笑顔になると、お客様も笑顔になり、店長も喜んでくれ、お店の雰囲気もよくなって、バイトに行くのが楽しくなる……というようにいい循環ができて、「俺には合わへんな」と思っていた接客サービスも好きになっていったというのです。

講座が終わった日、打ち上げの席でこの話を私に伝えたあと、彼はこう言ってくれました。

「笑顔セラピーにくる前は自分のことが大嫌いで『俺みたいなもん、生まれてこんほうがよかった』と思っていましたが、いまは自信が出てきて、『生きてててええんやな、人の役に立ててるんやな』と思えるようになりました」と。思わず私も、そんな報告をする彼を見つめてとてもうれしくてニッコリしてしまいました。元々、コンビニエンスストアーを経営するという夢をもっていた彼は、いまその実現に向けて一歩あゆみ出しました。というのは、彼の接客が認められ、コンビニチェーン店の接客指導係に抜擢されたとのことで、本部で大活躍しているのです。笑顔はどんどん笑顔の輪を広げてゆくのです。

✳︎✳︎✳︎まずは幸せのスイッチをオンにしよう

山本君のように、頬の筋肉をヨイショと持ち上げて笑顔をつくることで、人生が変わっていき、幸せに向かっていく人がたくさんいらっしゃるのです。

笑顔が苦手という人は、笑顔のスイッチを入れる練習が必要です。さあ、ほっぺの筋肉を持ち上げて笑ってみましょう。まずは、つくり笑顔でオーケーです。

頬の筋肉を持ち上げると、顔の中にあるいくつかのツボが刺激されて脳に指令が届き、脳前方の左半球が活性化することが脳波の研究で証明されています。実は、人間が楽しい時には、脳前方の左半球が活性化するのだそうです。

すると脳波がアルファ波になり、「脳内モルヒネ」という幸せホルモンが出るので、たとえつらい状況の時であっても、笑顔をつくっていると、幸せな気分に変わって

笑顔体操

下の笑顔体操（1）と（2）を続けて行ないます。

笑顔体操 1

口角を上げる（オン）、元に戻す（オフ）という表情筋の運動を、1分以上繰り返します。

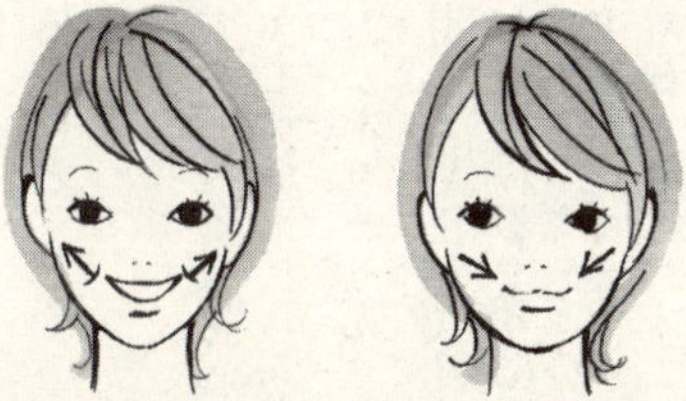

笑顔体操 2

頬の筋肉を上げて、目が細くなり笑いジワができた状態（オン）をつくって、元に戻す（オフ）という表情筋の運動を、1分以上繰り返します。

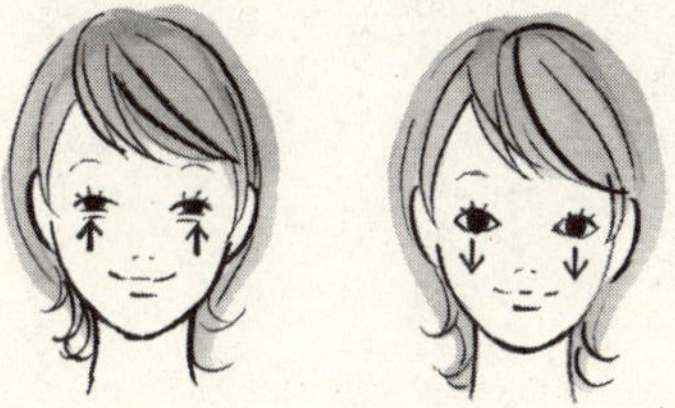

くるのです。

人の心身のメカニズムは本当に不思議です。動物の中で唯一、人間だけが「笑顔になると楽しい気分が湧いてくる」という、すばらしい機能が備わっているのです。だから気分がめいっている時ほど、形からでいいから、笑顔を意識的につくってみてください。

そうは言っても「無理に笑顔をつくろうとすると顔が引きつってうまく笑えません。どうしたら笑顔ができますか」という声をよく伺います。

それはもう毎日の練習しかありません。毎日練習をしていると、どんなに緊張していても、どんなに落ち込んでいる時でも、人に会った瞬間に条件反射的に、ふっと頬が持ち上がり、笑顔がつくれるようになります。ふだんから笑顔をつくる練習をしておいて、肝心な時にポンと幸せへのスイッチをオンにするわけです。

37ページに、幸せへのスイッチをオンにする「笑顔体操」を載せました。

私達セラピー仲間の合言葉は、「歯磨き忘れても、笑顔体操忘れるな」です。

朝晩1度ずつ、笑顔体操をする時間を決めておいて習慣づけることをオススメします。しばらく続けると、やらないと何となく気持ちが悪い、というくらい欠かせない習慣になってきます。

1回にかかる時間の目安は1～2分ほどです。

朝、顔を洗ったあとでもいいですし、女性なら出かける前のメイクの最後の仕上げのつもりで笑顔体操をすると素敵ですね。夜はお風呂の中で、あるいは就寝前などにやるとリラックスできて、1日の疲れも吹き飛びます。

“自分らしく輝く人”の共通点

笑顔セラピーでは、笑顔によって幸せへのスイッチが入り、物事がうまく回っている状態を「安心サイクル」と呼んでいます。

人が安心サイクルに入り、リラックスしている時、呼吸は深くゆったりとしています。そういう状態では、脳波は7～14ヘルツくらいのアルファ波です。

安心サイクルの時には、脳内モルヒネと言われる物質が分泌され、筋肉はゆったりと緩み、体は軽く、気持ちも前向きになります。筋肉が緩んでいるので血流がよく、エネルギーのムダ遣いがないので疲れにくく、とても元気に活動できます。こういう状態の時には自律神経のバランスもよく、内臓も順調に働き、免疫力も上がります。

また、脳波がアルファ波になることで、集中力がアップし、潜在能力が引き出されます。直感も冴え、個性や感性、創造力も豊かになるので、何事に関してもいいタイミングで望ましい選択ができ、何事によらず、最高にうまくゆきます。例えば、スポーツ選手が「自己新記録が出ました」という時は必ずアルファ波の時、また、やる気になって仕事や家事がスイスイ効率よく進み、出来栄えもよい時、みんなとワイワイおしゃべりが楽しく、場の雰囲気にとけこんで、言葉のやりとりが調子よい時もアルファ波です。だから、結果的に「波に乗っている」「ツイテル」状態になるのです。

そうなると、人間関係もよく、気分はますます良好になり、どんどんプラス思考になっていきます。するとよりリラックスでき、心身ともにさらに元気になっていきます。

このプラスの循環が安心サイクルなのです。

反対に、緊張して物事に立ち向かっている時、つまり不安な時は、脳波は14～26

ヘルツぐらいのベータ波になります。特に20ヘルツを超えてしまうと過緊張状態で、不安が強くなって「何をやってもうまくいかない！」というマイナスの状態に陥り、実力が全く発揮できなくなります。

このように、脳波がベータ波になって物事がうまくいかなくなり、さらにマイナス思考になる……という悪循環を続ける状態を「不安サイクル」と呼んでいます。

こういう時には呼吸も浅く速くなっています。

不安サイクルに入りマイナス感情になってしまうと、「不安物質」と言われるアドレナリンというホルモンや、「怒り・緊張のホルモン」と言われるノルアドレナリンなどのホルモンがたくさん出てきて、筋肉が収縮し体は緊張した状態になります。だから顔も引きつってしまうのです。

筋肉がこわばると毛細血管が圧迫されて、肩こりや腰痛などが起きやすくなります。すると血液を送り出す心臓の負担が大きくなり、エネルギーがムダに使われ、疲れやすい状態になってしまいます。

そのうえ、アドレナリンなどのホルモンは、内臓諸器官をコントロールしたり、気温などの環境条件に合わせて身体を調整している自律神経のバランスを崩してしまい、いろいろな病気を引き起こす原因にもなります。

また、不安サイクルに入り脳波がベータ波の時には直感が働かず、タイミングよく物事を進めることが難しくなります。ほかの人とのコミュニケーションも空回りし、仕事などにも実力を発揮できないことが多く、何をやってもうまくいかない、という状態にはまっていきます。

そうなるとますますイライラし、ますます不安になり自信をなくし、どんどんマイナス思考になっていく、という悪循環をたどるわけです。

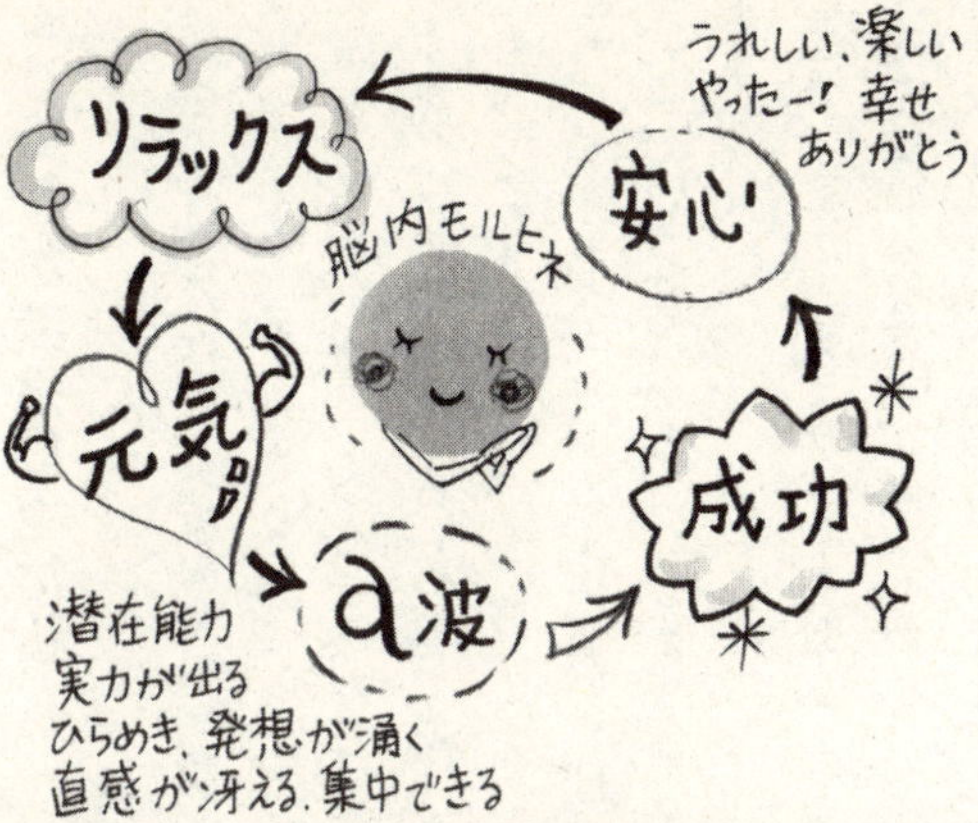

リラックス
元気
脳内モルヒネ
α波
潜在能力
実力が出る
ひらめき、発想が涌く
直感が冴える、集中できる
成功
安心
うれしい、楽しい
やったー！ 幸せ
ありがとう

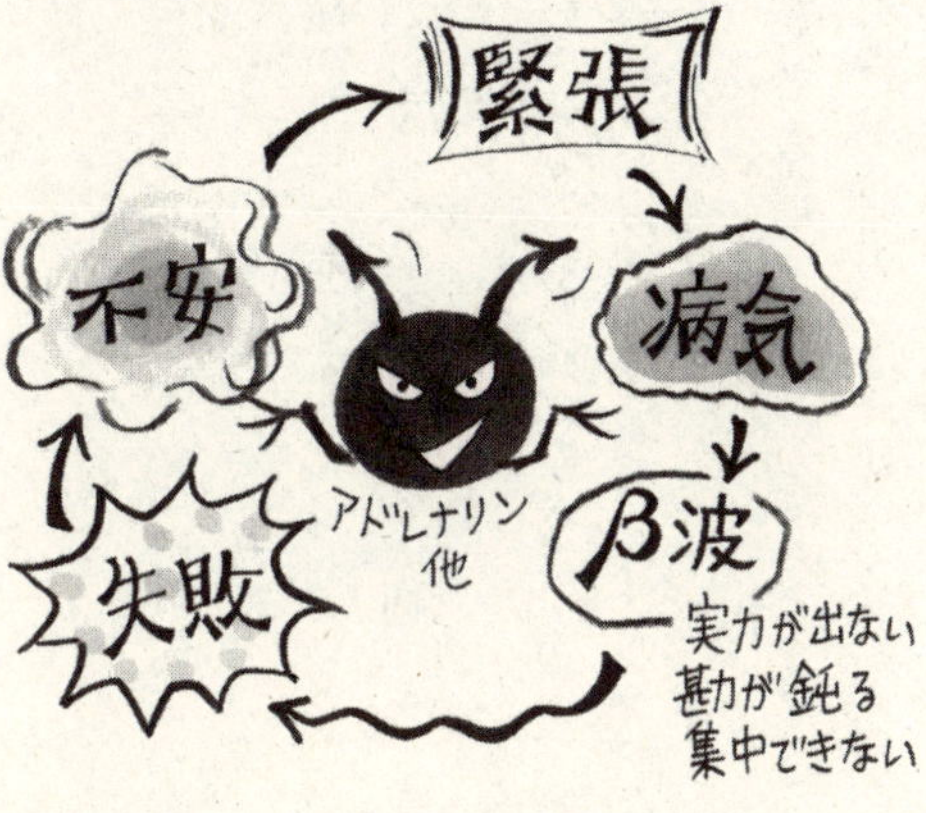

緊張
不安
病気
アドレナリン
他
β波
実力が出ない
勘が鈍る
集中できない
失敗

笑顔が苦手だった私

受講生の皆さんは、「野坂先生の笑顔で元気になります」とか「野坂先生のお話は楽しいです」とか、よく私のことをほめてくださいます。しかし私は、いまでこそ笑顔セラピーを開き、たくさんの方に笑顔の効用をお伝えして喜んでいただいていますが、生まれつき明るい性格であったわけでも、笑顔あふれる人間であったわけでもありません。

もし、私がもともと明るく笑顔いっぱいの人間で、順風満帆の人生を送っていたら、笑顔でいることがあたりまえすぎて、笑顔の大切さに気づくことはなかったでしょう。

ここで、私が笑顔セラピーを開くまでの経緯を簡単にお話ししておきましょう。

24歳で結婚し専業主婦になった私は、夫の浮気と暴力がきっかけで結婚生活が立ち行かなくなり、36歳の時に離婚しました。当時、9歳と4歳の子どもがいましたので、仕事を見つけて私が子どもたちを養っていかなければなりませんでした。

私が就職したのは飛び込みセールスの会社です。20万円以上もする幼児向け教材のセールスウーマンになったのですが、ノイローゼ気質の専業主婦だった私には、セールスの仕事は甘くはありませんでした。毎日、足を棒にして回るのですが、教材は1セットも売れません。それどころか、けんもほろろに断られ、話さえ聞いてもらえないのです。

そんなある日、新米セールスウーマンの私は、その日の販売地区を巡回指導しているセールスマネージャーに声をかけられ、こう注意されました。

「なんや、暗い顔して。そんな顔では物は売れん。もっと笑わんかいな！」

当時、お先真っ暗、不安でいっぱいの私でしたから、暗い顔になるのは当然です。実を言うと、ドアのチャイムを鳴らすことさえ怖かったのです。「子どものためや、頑張ろう！」と気合を入れ、勇気を振り絞ってチャイムに手をかけるのですが、不機嫌な顔をしたその家の奥さんが玄関に現れ、ジロっと見られるともうダメです。引きつった顔でしどろもどろになってあいさつをするのですから、話を聞いてもらえるわけもありません。

断られ続け、落ち込みの極致で浴びせられたのが、セールスマネージャーの「その顔では物は売れん。笑わんかいな！」という言葉でした。

どう考えても、そのころの私は笑えるような状況ではありません。10年以上も専業主婦だった私は手に職もなく、やっと見つけることができたのが、このセールスの仕事です。慣れない仕事をすることの緊張と、1セットも売れないことへの焦り、将来に対する不安で、私はもう、心も体もヘトヘトだったのです。

セールスマネージャーの言葉に、心の中では「こんな状況で、どこが笑えんねん！」と反発しました。「こんな仕事辞めます」と言いたかったのですが、私の帰りを待つ子どもの顔をうかべるとそう簡単に辞めるわけにもいきません。

きっかけは、簡単なこと

結局その日も1セットも売れず、家に帰る道々、ふいに涙があふれてきました。その時、泣きながら私はひとつの決意をしました。

「この仕事は私には向いていない。もっと私に合った仕事を探そう。でも、1セットも売れずにしっぽを巻いて逃げ出したら負け犬になる。いま自分に負けたら、一生逃げの人生になる。逃げたらあかん。一セットでいい、売ってから会社を辞めよう」と。

「売る」と決めても、どうやったら売れるのかさっぱりわかりません。その時、昼間、マネージャーが言った「笑わんかいな！」という言葉がよみがえってきました。「笑顔になったら本当に20万円もする商品が売れるんか？」と疑問はわきましたが、さしあたって自分にできそうなことは「笑顔」ぐらいでした。おふろの鏡に向かって、私は笑顔をつくってみました。自分でもうんざりするほど引きつった笑顔でした。その日から、私は笑顔の練習を始めました。「楽しくもないのに私、なんで笑ってんねん……？」と思うとみじめで、笑顔どころか涙があふれてきます。「笑顔もでけへん」と、ますます落ちこみました。

そんな頃、たまたま通りかかった古本屋さんで運命的に出合った本に、次のように書いてあったのです。

「言葉とイメージで人生は決まる。肯定的な言葉を使うことで人生は開ける。人生は言葉通りになる」

とても感動しました。しかし、つらい現実の渦中では、やはりすぐには信じきれません。「そんなことで幸せになれるんやったらだれも苦労せえへんわ」と反発さえわきました。

しかし、何か変えなければ、このままでは売れずに行き詰まるに決まっています。「とにかくいまは他に方法はない、タダでできることや。やろう」と、この時に決めたのです。人生どん底の時は、自分が変わるチャンスです。

「私は売れるセールスマン。未来は明るい。明日出会うお客様はみんないい人。必ず明日は注文がとれる。私は売れるセールスマン」

と、暗示の言葉をつくり、繰り返し唱えてみました。

肯定的な言葉を使うことの次はイメージすることです。言葉のとおりのシーンをイメージしようとするのですが、何しろ売れた経験がないのですから映像が浮かんできません。それでも、繰り返し暗示用語を唱えていると、教材が売れたシーンやお客様の笑顔を、なんとか映像としてイメージすることができるようになってきました。すると不思議なことに、笑顔の練習がうまくできるようになってきたのです。

ノイローゼになるほどだった持ち前の頑固で一途な性格がこの時は幸いして、プラス言葉とイメージ作戦を真剣に実践でき、「つらい」「しんどい」「嫌だ」といったマイナスの言葉を一切使わないことに決めました。これらの言葉は私が毎日何度となく無意識に使っていた言葉で、もう口癖のようになっていましたから、これらの言葉を使わないというのは思っていた以上にたいへんなことでした。しかし、一途な性格でやりぬくことができました。

さらに私が実行したのは、成功した幸せな人のフリをすることです。駅の階段は元気いっぱいに2段ずつ駆け上がりました。駅員さんにも売店の人にも、出会った人には大きな声で元気に明るい笑顔であいさつしたのです。すると不思議なもので、知らない人に声をかけるのが恥ずかしい、知らない家を訪問してセールスするのは緊張する、という気持ちもだんだんと薄れていったのです。

自宅で笑顔を練習するだけでなく、人前でも意識して笑顔をつくっているうちに、肯定的な言葉を言ったり、成功イメージを頭に描いたりすることに抵抗がなくなってきました。

そのうち、私の仕事に変化が表れ始めました。笑顔で訪問すると、飛び込みセールスで訪れた家でもなぜか話を聞いてもらえるのです。前のように話も聞かずに断られるということがなくなってきました。

笑顔をつくるだけで相手の対応が全く変わる——このことは私にとっては大きな発見でした。

人生がいい方向に回りだした日

そして、就職してから3カ月半がたったある日のこと、ついに奇跡が起こりました！　20万円もする教材が即決で売れたのです。

「やったー!!　これも笑顔を続けたおかげや」

私は飛び上がらんばかりでした。

「1セット売れた。私はもう負け犬やない。これで堂々と会社を辞められる」

とホッとした瞬間でもありました。

ところが、です。そのあと不思議なことに、教材がおもしろいほど売れるようになったのです。私はすっかり辞める機会を逸してしまいました。4カ月目からはもうトップセールスを記録するようになっていました。「言葉通りになる」という本の内容が、まさに現実となったのです。

仕事がうまくいくようになってくると、「野坂さん、おもしろい人やなあ」「明るいから好きや」などと同僚から言ってもらえるようになりました。いつの間にか私が、明るい人と言われるようになったのです。つい数カ月前までは不幸のどん底にいて、泣き虫で暗く、落ち込んでばかりいた私が、思いがけずセールスの世界で成功し、明るく笑っているではありませんか。生まれて36年間で他人から「明るい」「おもしろい」などと言ってもらうのも初めてです。

笑顔の練習をし、人前で笑顔を意識してつくったことで、私の人生は180度変わったのです。笑顔をつくって振りまき、成功した人、幸せな人のフリをしただけだったのに、数カ月の間に現実が追いついてきました。現実にトップセールスになり自信がつくと、明るいフリ、幸せなフリだった自分が、本当に明るく幸せになり、心からの笑顔もどんどん出るようになっていったのです。

そして、内面が前向きになると、体質までが変わってきました。専業主婦だったころは背中が痛い、体がだるいといつも体の不調を訴え、体調がいいことなどなかった私が、風邪さえ引かなくなったのです。

そして新しい世界が広がった

そしてまた、次々にいい出会いに恵まれるようにもなりました。

セールスを始めて7カ月目、ある方と地下鉄の改札口でばったり再会したのです。結婚する前にOLをしていた時の先輩でした。その先輩はすでに前の会社を辞め、いまは接客指導のインストラクターをしているというのです。

実はこのころの私は、新しい目標を持っていました。いつかはセールスの仕事を辞めて、接客指導の先生をやりたいと思っていたのです。そして、接客の先生として講演している様子をイメージし、「私は必ず達成する。いま全力投球することは、一流の接客インストラクターになること」と唱えていたのです。

接客指導のインストラクターをしている先輩と会ったのは、そんな時だったのです。私は不思議なご縁に感謝しました。私が接客の先生になりたいと思っていることを先輩に打ち明けると、親切にも先輩は、ある接客指導の会社で指導員を募集していると教えてくださったのです。

その1週間後、不思議なことにまたしても、もうひとつ接客の先生になれる就職口のお話が舞い込んできました。このふたつのラッキーな話の面接を受けると、両方とも採用との結果が出て、自分に合いそうなお話のほうを選んだのです。相前後してふたつも希望の職種の就職口が見つかるなんて、偶然でしょうか。やはり言葉にしたことは実現するのですね。

結局、セールスの会社は8カ月でやめて、私はこうして新しいステージへと踏み出すことになったのです。

念願の接客指導の仕事に就けたのですから、ここで成功しなければ次のチャンスはもうないと思い、私は思いっきり仕事に打ち込みました。幸い私の接客指導や社員教育は少しずつ成果を上げていきました。

しかし2年ほどして、私の勤め先で、接客指導の仕事の依頼が激減したので、売り上げを上げるため、「これから、酒屋さんを回って輸入ワインを売ってくるように」と私の過去の営業での実績を見込んでの指令が下ったのです。

その時、私はきっぱり「では昨日付けで辞めさせてください。私は教育指導の仕事しか、やるつもりはありませんので」と、今後のあてもないのにカッコよく言い放ち、辞めてしまいました。これも「接客インストラクターになる」という暗示用語が心にビシッと入っていたからでしょう。

こうして失職し、運が尽きたのかと思った矢先、またしてもチャンスが巡ってきました。ある人の紹介で、外食産業のG社との接客指導の講師としての顧問契約が成立したのです。

これがきっかけとなって、独立して接客指導の講師をするようになり、それから1年後、PHP研究所から「公開講座をやりませんか」というお話をいただいた私は、ふたつ返事で接客指導のなかで私のテーマとなっていた「笑顔」について話すことにしたのです。これが後に私の「笑顔セラピー」へと発展していったのです。

お陰さまで、以後、松下電器産業、松下流通研修所、日本能率協会、日本生命、住友生命、関西電力、大丸ピーコック、富士通、がんこフードサービス、NTT西日本、オートバックスセブン、三基商事、そして大阪府や大阪市の公共機関など、多くの企業や自治体の社員・職員の方々の教育指導に当たらせていただきました。

教室を開く時「笑顔セラピー」としたのは、目を引く名称なので仕事がとりやすいかもしれないと思ったからで、当時の私はまだまだ笑顔の持つ本当の力には気づいていませんでした。

しかし、笑顔セラピーを続けていくうちに、受講生の皆さんの劇的な変化を目の当たりにし、実は笑顔というものが、接客・社員教育の枠を軽く超え、人生を変えるほどの力を持っていることに、私は気づいていきました。

そして、「笑顔セラピー」も、企業・団体を対象とした「社員・職員教育の場」のほか、広く一般の方々を対象とした「生き方」の教室という方向へも、どんどんと大きく広がっていったのです。

「笑顔セラピー」を開いてから30年の間に教室の数も増え、何冊もの本を出版する機会に恵まれ、全国各地から講演依頼が舞い込み、マスコミにも登場させていただき、ホームページを通して、多くの方の人生にかかわらせていただくことができました。これもまた笑顔の持つすばらしいパワーのお陰だと思っています。

そして、笑顔と「ありがとう」の持つ不思議な力をひとりでも多くの方にお伝えし、ひとりでも多くの方に、イキイキとした幸せな人生を歩んでいただきたい、というのがいまの私の真剣な願いです。今は平和運動としてボランティア精神で、笑顔セラピーを運営しています。

1章

心から笑えなくても、笑顔をつくれば人生は絶対に変わりだす

生まれながらに与えられた大事な能力

フランス映画『イブラヒムおじさんとコーランの花たち』（２００３年）の中で、オマー・シャリフ演じるイブラヒムおじさんは、少年モモにこう教えます。「幸せだから笑うんじゃない。笑うから幸せになるんだ」と。

まさしくそのとおりです。人は笑顔になると脳波がアルファ波になって安心サイクルに入り、幸せへと向かっていくのです。まさに笑顔は幸せへのスイッチ。「笑顔」という形から入ることで心も幸せになっていくのです。

しかも笑顔は、人間だけに与えられた幸せのスイッチです。例えば、犬はうれしい時にしっぽを振ります。犬に聞いたわけではありませんが、しっぽはうれしくなったら自動的に動くけれど、飼い主を喜ばせようと犬の意思でしっぽを振ることはできないはずです。

一方、人間はうれしい時に自動的にも笑顔になりますが、暗い気分の時でも自分の意思で笑顔をつくることができます。笑顔をつくる顔の表情筋が随意筋（自分の意思によって動かすことができる筋肉）だからです。

耳を動かそうと思っても、動かせないですよね。耳の筋肉は随意筋ではないからです。でも、頰の筋肉はだれでも自分の意思で動かすことができます。人間だけが表情筋を使って、笑顔でも怒り顔でも悲しい顔でも、自分の意思で表情をつくることができるのです。

逆に言えば、表情筋が随意筋なのは、人間は表情筋を自分の意思で自由にコントロールしていい、自由に笑顔をつくってもいい、ということです。実は、私たちの本能の中には笑顔をつくってコミュニケーションする能力が、生まれた時から備わっているのです。小さな赤ちゃんでも、もうつくり笑顔をしています。

赤ちゃんに声をかけたり笑いかけたりすると、ちゃんと笑い返してくれますね。あれはおかしいから笑っているのではなく、赤ちゃんの返事なのです。「あなたのアプローチを受け取っていい気分です。あなたを認めていますよ」というメッセージを、つくり笑顔に託しているわけです。笑顔をつくりなさいと親が教えなくても、人には生まれた時から、本能の中に笑顔をつくる能力が備わっているのです。

「いや、赤ちゃんがつくり笑いをするはずはない、それは、笑いかけられて心から笑っているんだ」という声が聞こえてきそうです。そんな方に、次のお話はいかがでしょう。

私の孫の蓮ちゃんが1歳2カ月のころ、部屋の白いカベにマジックで落書きをしようとしていました。私が「ダメ！」と叱ると、蓮ちゃんは反抗して、むきになって書こうとしたので、私はマジックを持った彼女の手をつかんで、パチンと叩きました。

すると反抗期の彼女は、猛然と怒り、私の手を振り払ってさらに書こうとしたので、「ここで負けたら、真っ黒のカベになってしまう」と思い、さらに強く、彼女の手を叩きました。少し勢いあまってしまい、後で見ると私の手形がつくほどだったので、かなり痛かったはずです。

彼女はさすがに一瞬息を呑んで、ひるんだのですが、さらに怒って、私をにらみました。孫とおばあちゃんの真剣勝負（？）、にらみ合いです。しかし、次の瞬間、何が起こったと思いますか？　彼女は、私に向かってニーッと笑ったのです。それには私もフッと笑ってしまい、ふたりのケンカは無事に終了。

蓮ちゃんは、まだ幼児であるにもかかわらず、「怒ってダメなら、笑ってみよう」

とばかりに、自分に与えられた表情筋を自由に駆使して、物事が順調にいくように図っていたのです。

心から笑えなくてもいい

つくり笑顔をする子は不自然、子どもらしくない、天真爛漫《てんしんらんまん》じゃない、と思う人もいるかもしれません。しかし、それは間違った考えで、子どもは生まれながらに笑顔をつくる能力を与えられています。

「笑顔をつくって、仲間と楽しくコミュニケーションをはかる」という大事な能力を、育っていく環境によって奪われてしまうと、笑顔がつくれなくなっていきます。そして、成長して楽しいことよりつらいことが多くなると、次第に笑顔が消えてゆくのです。

のびのびと育てられた子どもは、笑顔をつくると自分も気持ちよくなって人が喜ぶ、そして好意が返ってくるということが本能的にわかっているので、笑顔をつくってコミュニケーションすることがとてもうまいのです。

つまり笑顔は、「たくさんの人を幸せにすることができますように」「幸せに向かってちゃんと進んでいけますように」と、私たちがこの世に誕生する時に天から授かった、貴重なギフトと言えるでしょう。ちなみに、序章でご紹介した笑顔体操（37ページ参照）、おとなではなかなかできない方が半分ぐらいいらっしゃいます。たくさんの受講生の方と関わってわかってきたのですが、笑顔体操のすぐできる方は心の柔軟なプラス思考の方で、心が硬くマイナス思考の方は表情筋も硬くて、うまく笑顔体操がおできになりません。

6歳の蓮ちゃんに笑顔体操を教えてみたところ、2分くらいですっかりマスターしてしまいました。やはり子どもは心が柔軟で、笑顔づくりの天才です。

幸せになるために笑顔をつくる能力がせっかく本能として備わっているのですから、たくさん笑顔をつくりたいものです。

日本人は特に「つくり笑顔はダメ。笑顔は心から」と言いますが、そうでしょうか？　つくり笑顔は人間である証拠で、積極性の第一歩です。

それを「心から笑わなきゃダメ」と言うから、みんな挫折してしまうのです。

人間、生きている以上、とても苦しい人間関係の軋轢《あつれき》があったり、苦手な相手もいるでしょう。初対面の人に会う時なども普通は緊張するものです。何かトラブルがあって暗い気分の時だってあります。そんな時に「はい、心から笑って！」と言われても、難しいですね。

実際、「つくり笑顔でいいのよ」と、私がひと言言っただけで気が楽になり、笑顔がどんどんできるようになった、という受講生の方もたくさんいらっしゃいます。

つくり笑顔で悩みが消えた

数年前のことになりますが、四国からわざわざ大阪の笑顔セラピーに通ってくださった40代の女性がいました。目がキラキラしていて、姿勢がスッと伸び、とてもいい笑顔で私の話を聴いてくださる方です。

私は、「この人は最初から笑顔ができているのに、わざわざ交通費を使って来てくださる。ずいぶん奇特な人だなあ」と思っていました。

ところが、最終回の講義が終わって打ち上げの席で、彼女は私にこんなことを話してくれたのです。「実はこの教室に来るまでは、毎日、死にたい、死にたい、いつ死のう、どこで死のう、と思っていました」と。

つらいことがあって、完全に行き詰まっていたのだそうです。ワラにもすがる思いで、笑顔セラピーに来た、とおっしゃるのです。

そして、笑顔セラピーの1講目で「つくり笑顔でいいんですよ」という言葉を聞いて、ハッとしたというのです。

「なんだ、つくり笑顔でいいんだ！」と、笑顔をつくり始めたのがきっかけで、まわりの人たちに慕われ、生活が充実し、生きがいができていくと、悩みは自然に消えていたとおっしゃいました。

「『自分の意思で笑顔をつくってもいい』というひと言をもらえただけで救われて、残りの講義はもう私にとっては『おまけ』というくらい、あのひと言は大きかったんです」とうれしい言葉をくださいました。

笑顔になると脳波がアルファ波になり安心サイクルに入ることは前にもお話ししましたが、これは心からの笑顔でなくても、つくり笑顔でも同じです。形からでも笑顔をつくると、脳波がアルファ波になりリラックスしてくることが、いろいろな実験により科学的にも証明されています。

笑顔をつくったことで人生がうまく回り始めた彼女は、いまでは、「つくり笑顔でもオーケー。どんどん笑って幸せになりましょう！」ということを地域の人にも教えてあげたい、まわりの人も幸せにしてあげたいということで、私を地元での講演会の講師に呼んだりして、笑顔の輪を広げてくださっています。

笑顔であいさつは幸せへのパスポート

私の教室に来られる受講生の皆さんや、本を読んでお便りをくださる読者の皆さんに多いのが、人間関係の悩みです。

人間関係で、相手にさり気なく笑顔を送れるチャンスは、「出会ってあいさつをする時」と「呼びかけに答え、返事をする時」だと思います。

ところが、人間関係がうまくいっていない時は、笑顔であいさつ、笑顔で返事、というあたりまえのことができていないことが多いのです。

まず、あいさつについてお話しましょう。

あいさつができない人で、「人間関係は良好、人生は万事順調で幸せいっぱい」

という人はいないでしょう。人間関係や物事がうまくいっていて幸せな人は、皆さん、明るいあいさつができる方なのです。

あいさつという言葉を漢字で書くと「挨拶」です。「挨」という字は「開く」という意味、「拶」という字は「迫《せま》る」という意味を持ちます。つまり、「挨拶」というのは、「心を開いて相手に迫る」行為なのです。

「心を開く」というのは「私はあなたと仲良くしたい」という意思表示です。「相手に迫る」というのは、「あなたも心を開いて私と仲良くしてくださいね。お願いします！」という自分の気持ちの表明です。

相手に心を開いてもらい、仲良くしてもらうには、積極的に働きかけること。つまり、自分から先に、笑顔で必ず相手の目を見て、大きな声で明るいあいさつをすることです。

声は、その人の心のエネルギーの大きさを表します。そして目は、精神エネルギーの表れであり、方向性です。だから「拶」（迫る）ためには、パワフルで明るい心のエネルギーがしっかり相手に向かう必要があるのです。

あいさつのあとにひと言付け加えると、なおいいと思います。例えば、「おはようございます。今日もいい天気になりましたね」とか「こんにちは。昨日はお世話になりました」などと付け加えるだけで、より積極的な好意を相手に伝えることができます。

「どんな相手にも真心をこめて」と思うと難しいので、形から入ってもかまいません。日ごろから笑顔であいさつをし、人間関係への積極性やあたたかな気持ちを、あなたのほうから示すことが大切です。

この実践を甘くみてはいけません。かなりの勇気と前向きに生きるエネルギーを必要とするからです。また、実践することで勇気やパワーが育ってきます。だから、私は笑顔であいさつの実践を日常行（日常における修行）だと思っています。

序章でお話ししたように、私も、夫と離婚してセールスウーマンをしていたころは、「笑顔」と「あいさつ」で成功者のフリ、幸せなフリをするという、幸せの「形」づくりから始めました。

そうするうちに、いつの間にか、お客様にも信頼感を持っていただけるようになり、「トップセールスマン」になれました。また、社内でもいい人間関係を築くことができるようになり、その後も、人とのよい出会いやチャンスに次々と恵まれていったのです。

✳✳✳人間関係がうまくいく言葉の返し方

さて次は、返事についてその深い意義を考えてみましょう。

返事をする時には「はい」と言いますが、この「はい」を漢字にすると「拝」です。「おがむ」という意味ですね。「拝む」というのは、感謝すること、尊敬していることを表しています。日本人の心の中にはお互いに感謝しあい、尊敬しあう生き方が根づいているのです。

ニッコリ笑顔で「はい」と返事をすると、「あなたのおっしゃることを喜んで受けとめます」「あなたの存在そのものを喜んで受け入れています」という、相手へのメッセージになるのです。

人間関係がうまくいっていない時は、うまくいっていない相手に接する時、なかなか素直な気持ちにはなれないそんな時相手の呼びかけに素直に「ハイ」とは言えませんね。しかしそういう時こそ、まず形から笑顔で「はい」と返事をしましょう。

続けていくと心が本当に素直になっていき、やがて人間関係も変化してゆきます。

笑顔計画表が人生を変える

笑顔であいさつ、笑顔で返事という、こんなちょっとしたことで人間関係が好転するのですから、やらない手はありません。

ただ、笑顔であいさつをしよう、はきはきと返事をしようと漠然と思っていても、意外にも実行は難しいものです。特に苦手な相手や家族には勇気がいります。ですので、「だれに、どこで、いつ……」というように具体的に計画して決めておきます。でないと「実行できた」「できない」の判断ができません。

なぜなら、人間は自分の表情を意識することなく、ほとんどの時間を過ごしています。朝バタバタと朝食の片付けをしている時、「行ってらっしゃい」と家族を送り出します。まさにその瞬間、ホッペの筋肉がすっかり下がっていてもまったく気づきません。人間は、自分の表情には意外なほど無自覚無責任です。

まずは、しっかりその瞬間の自分の表情を意識化することからで、確実にそれができるのは一日5回位でしょう。1回5秒かかっても5回で25秒。一日の中で25秒だけは、しっかりと目を見て、笑顔で明るい声であいさつすると決めるのです。

一日24時間の中のたった25秒、自分で決めたことが実行できないなら、人生を変えることは難しいでしょう。計画した5つの時以外も、もちろんできるだけ笑顔であいさつ、返事をしましょう。そうしているうちに、笑顔をつくることが習慣になります。

例えば、お客様に話しかけられたら必ず目を見て「はい」と笑顔で返事をしてから答えようとか、子どもが学校から戻ってきたら用事をしていても手を止めて笑顔で迎えようとか、ショッピングの支払いの時にレジ係の人に笑顔で「ありがとう」と言おうとか、電話の応対の時には必ず口角を上げて笑顔になろうとか、具体的に計画し、紙に書くのです。

まずはあまりよくばらないで、5つくらいの計画でいい、そのかわり必ず「やる」と決めるのです。この場合、「できるだけやろう」は意味がないのだということをよく覚えておいてくださいね。計画したことを死守するのです。

実は、成功者と失敗を繰り返す人の違いはここにあります。成功する人はやれるかどうかと悩む前に、「やる」と決めているのです。自分が決めたことはできると信じられる人なのです。言い換えると、「成功するまでやめない」と決めているのです。

大成功者の松下幸之助さんは、「あんた成功者でんなあ」と言われた時、「いいえ、失敗の数では負けまへん。成功するまでやめんかっただけや」とおっしゃったとか。

計画を紙に書くことによってさらに強く意識することができるので、決意しやすくなる、という効果もあります。巻末にある笑顔計画表に計画を作って記入してください。そして、笑顔計画の5つが実践できるようになったら、新たにまたレベルアップした新しい計画を立てていきます。これを繰り返し、笑顔をつくらない方が難しいとなったら、もう計画不要。笑顔いっぱいでまわりを明るく照らすツイテルあなたになっています。

よい波動のものを引きつけるには？

波動という言葉を聞いたことがありますか？　東洋思想・東洋医学でいう「氣」

に当たるのですが、西洋科学の一分野である量子物理学では「氣」を解明して波動である事を発見しました。

人間も含めてすべての物質は分子でできていて、分子は原子でできています。この原子はどういうふうに構成されているかというと、原子核のまわりを電子がグルグルと高速で回っているのだそうです。電子は高速回転しているのでそのリズムが波動として伝わるのです。

物質すべては実は物質であると同時に波動なのです。物質や肉体だけでなく、私たち物質だけでなく人間の感情も、言葉もイメージも、そして出来事まで波動なのです。光も空気も水も宇宙にある全ては波動として存在しています。

そして、同質の波動同士は引きあって出会い共鳴します。共鳴すると、その波動がさらに増幅し、それを我々は運命として受けとるのです。

事故やトラブル、病気などは荒い波動です。マイナスの感情でいっぱいになって暮らしていると、やはりイライラして荒い波動を出すことになり、同質の波動である事故やトラブル、病気などを引き寄せ、さらに増幅してゆきます。また、同じようなマイナスの感情を持った人たちを引き寄せたり、まわりの人をマイナスの感情に共鳴させたりしてしまいます。

すると、波動が共鳴して人数倍の相乗効果で強大になるので、ますます波動は荒くなり、マイナスの感情、マイナスの出来事が増大していくのです。その中からはなかなか抜け出すことができなくなります。

その逆はどうでしょう。

プラスの感情を持って、ニコニコと精妙な波動を出して生活していれば、よい出来事、楽しいもの、プラスの感情を持った人たちを引き寄せます。また、まわりの人をプラスの感情にしてどんどん強まり広がっていくので、まわりの人まで幸せにしていくことができます。

これが波動の共鳴現象です。そして波動は、人数倍使った言葉に、思ったことの回数倍の相乗効果をもたらします。

笑顔の波動はプラスの波動の中でも究極のよい波動ですから、イライラしている時、焦っている時、うまく物事が運ばない時こそ笑顔をつくると、ほとんど瞬間に波動がチェンジし、プラスの流れに方向転換していきます。

「めぐり合わせが変わる」という言葉がありますが、イライラしている時の荒い波動を、笑顔で良い波動にチェンジすると、プラスのほうに「めぐり合わせが変わる」のです。「運気がよくなる」という言葉も、「波動＝氣」が変わって運がよくなることを指しており、良い波動を出すことが、幸運になることなのです。

人と人との間を埋めるもの

自分自身がうれしい時や楽しい時にだけ笑顔をするのなら、犬がしっぽを振るのと変わりません。相手といい交流ができるように、自分の自由意思で笑顔をつくれるように表情筋はあるのです。

人との間と書いて「人間」です。

夫と妻というふたりの「人」がいて、その「間」に「愛」があって、子どもが生まれます。すると3人それぞれの「人」の「間」にまた「愛」が生まれて交流ができます。もうひとり子どもが生まれると、今度は最初の子との「間」に兄弟という関係が生まれて、子ども同士の「間」をつなぎます。家族を構成する一人ひとりの「人」は、また職場であったり、地域であったり、友人であったりと、様々な人との「間」をネットワークしています。もちろん、波動が共鳴しあった者同士なので、波動は増幅してゆきます。それが、社会です。

「人」と「人」はどんなに近い間柄であっても別個の体、別個の心を持っていて、そこには必ず「間」があるのです。お互いの「間」をつなぐコミュニケーションが必要です。

お互いの「間」に「愛」や「思いやり」が流れていることを伝え合うことで、お互いの関係は気持ちのよい波動の高いものになります。

では、人と人のコミュニケーションの手段にはどんなものがあるかを考えてみましょう。

例えば、赤ちゃんに「愛」を伝えるためには、抱っこをするなど「肌のぬくもりを通しての直接的なふれあい」、話しかけるという「言葉を通してのふれあい」、笑顔をむけるという「視覚を通してのふれあい」がありますね。

こういうふれあいによって、人と人の「間」は埋められるのです。なかでも、直接タッチしなくても、言葉を交わさなくても、「笑顔」という方法なら、視覚を通してより多くの人と、一瞬にして、とてもあたたかくふれあうことができるのです。

人は「ふれあい」がないと生きていけない

人はふれあいがないと生きていけません。心理学ではふれあいのことをストローク（ｓｔｒｏｋｅ）と呼んでいて、人間の成長において、なくてはならないものです。

家族や恋人、友達、親族、仕事仲間といった周囲の人との交流はもちろん、一歩外に出れば多くの人とコミュニケーションし、ふれあわなければ生きていけないのが人間です。あるいは自分ひとりの空間の中にいてさえ、電話・メールやインターネットなどの通信手段を通じてふれあいをもっています。

現代の社会問題になっている「不登校」や「引きこもり」なども、ふれあいを強く求めるからこそ、ふれあいが思いどおりに得られないことが心の傷になり、傷を負うことが怖くて、引きこもっているのです。本心から「ふれあいなんか必要ない！」と思っていたら、傷つかないし、人を避ける必要もないのですから。

私のこれまでの本でも繰り返し紹介してきましたが、ストロークの重要性を証明する典型的な例として、スーザンという女の子の事例が挙げられます。この子の話は、『スーザンのセカンドチャンス』という記録映画にもなっています。

スーザンちゃんは両親に邪魔者扱いを受けて育ちました。ミルクは与えられたものの、抱っこされる、ふれられる、微笑みかけられる、話しかけられる、といったストロークなしに育ったのです。

その結果、1歳10カ月になってもハイハイさえできず、言葉をしゃべることもできませんでした。ストロークをもらった経験がないからか、人が近づくと泣き、抱っこも嫌がります。

1歳10カ月といえば、一般には歩いたり走ったりでき、片言ながら、語彙《ごい》も増えてくるころです。ところが、スーザンちゃんの体重は5カ月児ぐらいしかありません。明らかに発育不全ですが、どんなに調べても、肉体的な欠陥は見つかりませんでした。

保護され病院に入院したスーザンちゃんには、母親代わりの看護師さんが、1日6時間、抱っこしたり、あやしたりといった肉体的・精神的なストロークを与え続けました。

スーザンちゃんは少しずつ抱かれることに慣れていき、ストロークにも反応を示すようになりました。そして、知らない人にも泣かずに接することができるようになり、おもちゃにも興味が出てきて、2カ月で体重が2・7キログラム、身長が5センチメートルも伸び、ハイハイもできるようになったのです。

さらに数週間後には、病院の廊下をヨチヨチ歩きするほどに成長することができました。

このようにストロークがなければ、赤ちゃんは身長や体重も増えず、知能や運動機能も発達しないのです。そして情緒も育ちません。人間的なこまやかな感情や多様な表情は、まわりの人たちとのストロークによって育成されていくのです。

笑顔は最高の「ふれあい」方

人間関係によって人がうれしくなるのも、つらくなるのも、悲しむのも、「心」と「心」のストローク、コミュニケーションの質と量によって決まります。

人の心をのせる道具が顔です。自分の心を顔の表情筋を使って相手に伝え、相手の表情によって相手の心を受け取る為に「顔」はある、とさえ言えるのです。

だから「顔」は人に見てもらうためのもの。自分の心を顔にのせて、相手に伝えるためのものなのです。「相手のために笑顔を送れる」ことは、人間だけができるすばらしいことなのです。

私が笑顔セラピーを開講し、なぜ笑顔にこだわっているかというと、笑顔こそが最高のストローク、つまり、「私は喜んであなたを受け入れています」ということを示す、万国共通のストロークだからです。

言葉によるストロークはとても大切なもので、必要不可欠なものです。ただ、難しい問題も含んでいます。

「君は家の中をいつもきれいにしていてくれるからありがたい」とか「料理がうまいからいい妻だね」と夫や恋人に言われたら、うれしいことはうれしいけれど、部屋をきれいにしていなかったり、料理ができなかったりしたら認めてもらえないということでもあります。条件付きの愛です。

家が片づいていようがいまいが、料理ができようができなかろうが、あなたの存在がうれしい、とほめられたほうが、ずっと安心で幸せなはずです。

「俺の妻でいてくれてありがとう」とか「お母さん、生んでくれてありがとう」とか「いっしょにいてくれてありがとう」、また「〇〇ちゃん、生まれてきてくれてありがとう」と、そこに存在していることそのものに対して感謝されることが、本当はいちばんうれしいのです。

「いい成績がとれて、おりこうね」と喜ばれたら、成績が下がった時には自分の存在まで否定された気分になるかもしれません。実際、親からのストロークをゲットすることが、生きる最大の目的になってしまい、ついには本来の自分らしさをすっかり見失ってしまった人が、たくさんいます。

ですから、条件付きでほめられるのではなく、「あなたがいてくれることが、こうして共に過ごせることが、あなたの存在が、うれしい」というのが、いちばん安心できるほめ言葉です。人間にとって、いちばんほしい、いちばん必要なストロークなのです。自分が存在すること自体がだれかを喜ばせているのですから、愛され続けるために頑張らなくてもいいわけです。

もちろん、条件付きストロークは、その条件にしたところ、例えば勉強を頑張ったとか、お部屋を掃除した等、ほめられたことをさらに頑張ろうと人をやる気にさせる効果がありますから、条件付きストロークをどんどん送ることはいいことです。でも、無条件のストロークも必ず送ることが大切です。

「あなたの存在がうれしい」というサイン

でも、無条件ストロークの言葉をあなたは気軽に言えるでしょうか。

ほとんどの方は、照れくさくて口に出せないのではないでしょうか。今日伝えなければ明日になったら相手が死んでしまうというような事態にでもならない限り、なかなか面と向かっては言えませんね。

「あなたがいてくれてうれしい。大好き。ありがとう」というような無条件ストロークは、言うほうだけでなく、言われるほうも照れくさいのではないでしょうか。

ふだん言われ慣れない言葉を言われたら、びっくりします。

アツアツの恋人同士か、よほどの自信がないと、手放しでは喜べず、「どうして？どこが？」という風に、かえって条件付ストロークを求めてしまいます。

深層心理では、だれもが「長所も短所も含め、全面的に自分を受け入れ、無条件に愛してほしい。条件付きの愛ではなくて、揺るぎない安心感、大きな愛がほしい」と思っているにもかかわらず、表面の意識では、「具体的な長所を言ってそこをほめてほしい。どこがどう好きなのかを言ってもらわないと、本当かどうか安心できない」と思ってしまう人が多いのです。

言葉によるストロークにはこのように難しい面があるのですが、「笑顔」によるストロークだったらどうでしょうか。お子さんが帰ってきた時に、お母さんがニッコリ笑顔で「お帰り！」と迎えてあげられたら、「あ、お母さん、うれしそうに笑った。ぼくが帰ってきたこと、ぼくの存在がお母さんにとって喜びなんだ」とお子さんに伝わります。

笑顔というのは、「無条件にあなたが好き」というオーケーサインなのです。毎日毎日、「あなたの存在がうれしい。愛してる」と、口に出して言うのは難しいかもしれませんが、笑顔なら毎日、何回でもでき、しかも相手が抵抗なく受け取ってくれるストロークなのです。

また、初対面の人に、「いまこの瞬間、無条件にあなたを認め、あなたを受け入れます」と伝えても疑われてしまうと思いますが、笑顔なら大丈夫。出会ったすべての人に受け入れられ、喜ばれます。笑顔は人に与えられる最高のストロークなのです。もちろん、何度も言うように、まずは形からの笑顔、つくり笑顔から始めるのでもオーケーです。

ただしひとつだけオススメできない「つくり笑顔」は、相手に好かれるため、あるいは、自分にとって都合のいい行動をとってもらうため、また本音の怒りや照れを隠すためにするつくり笑顔です。それを、笑顔セラピーでは本音を隠す「隠れみのの笑顔」と呼んでいて、私のオススメするつくり笑顔とは違うのです。一般につくり笑顔がダメと言われる理由は、この隠れみのの笑顔を指して「つくり笑顔」というからです。

私のオススメするつくり笑顔は、あくまでも心からの笑顔に導いてくれる入口としてのつくり笑顔なのです。

与えたぶんだけ、自分に幸せが返ってくる

人間は人に幸せを「送る」「与える」というギブ（ｇｉｖｅ）の気持ちより、幸

せになるために「あれがほしい」「こうなりたい」というテイク（ｔａｋｅ＝取る）の気持ちがどうしても強くなってしまうものです。ところが、テイクの気持ちが強いと、幸せは逃げていってしまうものなのです。

呼吸は、とり入れる酸素の量が多いと身体は活性化するのですが、たくさんの息を吸おうと頑張ると苦しくなって、ゴホンゴホンと息を吐いてしまいます。逆に、しっかり息を吐ききると、吸おうとしなくても自然に空気が入ってきて、結果としてたくさんの空気を取り入れることができます。このように出せば、入ってくるというのが自然の法則なのです。

笑顔は人を幸せにする最高のストロークです。

自分を犠牲にしたり苦しい思いをして人に幸せをギブするのではたいへんですが、笑顔は、お金や物と違って、どんなに人に与えても減りません。与える側は小さな愛のつもりでも、もらったほうは、とてもあたたかな気持ちになり、大きなプレゼントが来たと感じてうれしくなるものです。そして自分も健康度がアップし、アルファ波になってパワーアップするのです。

笑顔セラピスト養成コースに参加した陽子さんは、笑顔計画書の１つ目に幸ちゃん（4才）が幼稚園のお迎えのバスに乗る時、「行ってらっしゃい」と笑顔する。
2つ目に、主人が会社に行く時、「行ってらっしゃい」と目を見てニッコリすると書いて決意し、実行しました。すると、いつも幼稚園に行く前にいやがってグズったり、園で友達とトラブルが起きて泣いたりが日常だったのが、その日からまったくグズらずさっさと登園し、トラブルも起こさなくなりました。ご主人は、ニッコリした初日に、会社から帰ってくるなり結婚してはじめてハグしてくれたと報告してくれました。

笑顔をギブすればギブするほど、たくさんの人からまるでブーメランのように自分に笑顔が返ってくるのです。

また、笑顔を送れば送るほど、波動の共鳴現象によってよい波動を持った人や出来事を引き寄せる、つまり「ツイテル」自分になっていきます。この絶対的な安心サイクルにいる人を幸運な人と言うのです。「笑顔」こそは簡単に実践できて、無料で、しかも必ず効果がある、開運法なのです。

しかも、自分もまわりもいっしょに幸せにしてくれる、絶対安心の、だれひとりソンをしない開運法です。

2章

笑顔+「ありがとう」で、つらい状況がリセットされる不思議

世界一かんたんに人生を変える魔法

序章でお話したように、私がセールスウーマンをやっていた時代に、笑顔とともに暗示用語をつくって繰り返し唱えていたところ、そのフレーズの通りに実現しました。

この体験から、笑顔セラピーの受講生の方々が共通して使える暗示用語で、皆さんの運がよくなり幸せに向かうようなものはないかと探しているうちに、私は「ありがとうございます」という言葉に行きついたのです。

「ありがとうございます」という言葉は、「感謝し満足している」時に言う言葉です。

このフレーズを繰り返し唱えれば、現実にも「有り難いこと、すばらしいことが起きて、感謝し満足できる状態になる」と考えたのです。

最初はこのような軽い思いつきで、受講生の皆さんに「ありがとうございます」を繰り返し唱えるようにすすめたのです。すると、最初の頃はちょくちょくと、最近はどんどんと皆さんの人生に不思議な現象が起こるようになったのです。

「ほしかったものが手に入った」「夢や目標がかなった」「仕事がうまくいくようになった」「人間関係が好転した」「恋人・結婚相手ができた」「イライラがなくなった」「不眠症が治った」「対人恐怖症がなくなった」「不妊で悩んでいたが、赤ちゃんができた」「頑固な持病が改善された」「手術後、驚異的なスピードで回復した」といったうれしい報告が続々と寄せられ、奇跡と呼べる現象まで起こっているのです。

たくさんの方の実例から、また私自身の経験からも、笑顔をつくることにプラスしてこの感謝法を実践すれば、相乗効果によって2倍、3倍どころか無限倍とも言える目覚ましい効果が出るのを見てきました。

あとになって知ったのですが、「ありがとう」という言葉は、さまざまなプラスのパワーを持った言葉の中でも、最高の波動を持った、とてつもなくエネルギーが高くパワーのある言葉だったのです。

「ありがとう」に「ございます」をつけることで、エネルギーの質は最高最大になります。サンキューやメルシー、またシェイシェイといった外国語の感謝の言葉とは、全く質の違う言葉であり、大自然の調和のエネルギーを持った、いわば宇宙語になるのです。「ございました」という過去形ではなく、「いまここにあります」という意味の「ございます」をつけることが大切です。

つまり、「ありがとうございます」と唱えるのは、たんに感謝の気持ちを大切にするといった道徳的な意味合いではなく、「ありがとうございます」という言葉自体が持っている最高のエネルギーを受け取るためなのです。

しかも、まだほとんどの日本人がこの言葉のパワー、神秘の力に気づいていません。ひとりでも多くの方がこの言葉のすごい力に気づいて、唱えてほしいと思っています。これは私の悲願です。21世紀、人々が幸せになり世界が平和になるには、この方法が一番だと信じるからです。

潜在意識から変わっていく

感謝法のやり方はとても簡単です。

声に出さず、ただひたすら、「ありがとうございます」を心の中で繰り返し唱えるだけでいいのです。

まず1日に最低千回以上、唱えることをオススメします。100回唱えても、かかる時間はせいぜい2分くらいです。一度に千回以上唱えても、何回かに分けて行ってもいいのです。笑顔セラピーの受講生の皆様は、平均2、3千回～5千回は唱えています。中には、1万回を目指している人もたくさんいます。1日、1万回やると、まず確実に奇跡とも言える大きな変化を体験されることでしょう。「ありがとう」と「ありがとうございます」ではなく必ず「ありがとうございます」と唱えます。「ありがとう」と「ありがとうございます」ではその質もパワーもまったく違います。

唱えるフレーズは、「ありがとう。ありがとう。ありがとうございます」というように3回に1回「ございます」を付けるだけでもかまいません。「ありがとうございました」は、悪い言葉ではないのですが、「た」は「断ち切る」というパワーがあり、ありがとうパワーをいったん終わらせてしまうので、「ありがとうございます」と唱えましょう。「す」は元に戻って、またスタートするエネルギーなので、永遠に循環するのです。限りなく有り難い状態が起こります、という意味の「無限の無限のありがとうございます」というフレーズや、「無限健康ありがとうございます」「無限の無限の幸せ（調和、よろこび、豊かさ、愛、感謝、安らぎ…など）が無限に無限にいっぱいありがとうございます」というフレーズをありがとうござ

います の間にときどき混ぜると、質もパワーも格段にパワーアップします。

感謝法のやり方で理想的なのは、座って目を閉じ、瞑想やお祈りをするように意識を集中し、心をこめて唱えることです。また、口角と頬の筋肉を持ち上げて笑顔をつくった状態で「ありがとうございます」を唱えると、笑顔とありがとうの相乗効果があり、とても効果的です。

ただ、「ありがとうございます」を唱えるための時間を特別につくって集中して唱えるのが難しい時は、仕事や家事をしながらでも、道を歩きながらでも、電車や乗り物の中ででも、お風呂やトイレタイムでもかまいません。

最初は心をこめなくてもいいので、1回でも多く唱えます。繰り返し数多く唱えると、言葉が心の奥深く入っていき、潜在意識のレベルから変化していきます。「ありがとうございます」という言葉自体が最高の波動を持った言葉ですから、心がこもっていなくとも、繰り返し数多く唱えることで十分効果があります。毎日、回数多く続けることを優先して実践してください。

ただ、最低、寝る前の1分間（~5分間、または1時間位）だけは目を閉じた状態で心をこめて「ありがとうございます」を唱えるようにしましょう。眠りに入る直前の状態は、潜在意識に非常に言葉が届きやすい状態なので、その時に集中して心をこめて唱えると、言葉がしっかりと潜在意識に定着し、眠っている間中、ありがとうのパワーが心に響きわたっている状態になります。

「ありがとうございます」という波動の高い言葉を繰り返し唱えていると、自然と呼吸がゆったりと深くなり、リラックスしてきます。この時、脳波は笑顔になった時と同様のアルファ波になっています。

実際、受講生の皆さんの中には、入眠時に集中して唱えて、寝つきがとてもよくなったという人がたくさんいます。

リラックスできるので眠りも深くなり、朝の目覚めもよくなります。短時間でも効率よく睡眠がとれ、忙しい現代人にはもってこいの安眠法です。しかも、無料です。高い入眠導入剤を買わなくてもよく、薬を服用する時と違って副作用の心配もないのですから、文字どおり有り難い方法ではないでしょうか。

ツイてる自分になる不思議

さて、感謝法を始めると、単にリラックスして安眠できるようになる、というだけではなく、あなたのまわりにさまざまな変化が起こり始めます。

まずはちょっとしたツキが転がりこんでくるようになるのです。「混んだ電車で、たまたま前の席が空くことがよくあるんです」とか「くじ運がよくなった」「入手が難しいプラチナチケットが手に入った」「ほしかったものを偶然、友人がくれた」「必要な情報がタイムリーに入手できた」「行きたかったイベントに偶然、誘ってもらえた」「信号が次々青になって車がスムーズに走れた」「臨時収入が入った」など、「なんだか最近ツイテルなあ!」という状態になってきます。

でも、それは人生の大変化のほんの始まりにすぎません。

笑顔をすることと併せて感謝法を実践することによって、やがて、あなたにとって本当に必要なことが起こり始め、価値観や人生観までが変わり、生き方そのものが変わっていきます。あなたの人生そのものが、根幹から変化していくのです。

病気やトラブルで悩んでいる時は？

ここであなたに質問させていただきます。いま、あなたは健康でしょうか。そして、幸せですか。

幸せになるためのこの本を手にとってくださっているわけですから、いまの状態に100パーセント満足してはいらっしゃらないのではないでしょうか。日常生活にストレスの種を抱えていたり、どこか体に不調なところがあったり、何かトラブルがあって悩みの真っただ中かもしれません。

私の教室に来てくださる受講生の皆さんも、幸せ度100パーセントという方はいらっしゃいません。病気や障害で苦しんでいる方、トラブルや悩みを抱えて迷いの中にいる方が、たくさん来られます。

その中で例えば胃が不調だという方に、「いま、あなた、歯は痛いですか」とお聞きすると、「えっ？　歯は痛くないです」とおっしゃいます。「じゃあ、歯が痛くないことに気づいていました？」とおたずねすると、「それは意識していませんでした」という答えが返ってきます。

私たちは、痛くならないかぎりは、歯がそれまで元気で働いていてくれていたことを意識することはまずありません。歯だけでなく、心臓も肺も元気で活動してくれているのですが、人はだれしも元気なところには意識が向かないのです。もし、心臓が痛くなったらどれだけ苦しく、恐ろしいでしょう。肺が呼吸してくれなくなったらたいへんです。

でも、その存在の大切さに気づくのは、そこが病んだ時です。胃がもたれている、痛い、苦しい、という状態になった時に、初めて胃の存在、胃の重要さに気づくのです。

たとえ胃が悪くても、心臓が血液を送り出してくれて、肺が元気で呼吸ができて、目が見えて耳が聞こえて……と、ほかのところに目を向けると、幸せはたくさんあるはずです。

ところが、どこか1カ所でも体に悪いところがあったり、悩みがひとつでもあって人生が順調に進まなくなったら、私たちはそれにとらわれてしまいます。病気や悩みにとらわれるのではなく、いま、恵まれていること、与えられていることがどれほどたくさんあるかに目を向けて、「ありがとうございます」を言うことが幸せになるための究極のコツです。「健康になりたい、ありがとうございます」では、効果は半減です。たとえ胃が痛くても、胃が少しでも働き続けていることに「ありがとう」を送るのです。まずは形からでいいから、与えられていることに目を向けて、「ありがとう」をたくさん唱えてみて下さい。

それでもマイナス思考になってしまったら

いいところに目を向けるのは、たんに気持ちを明るくするためと早合点される方が多いのですが、真実は違うのです。実は、いいところを見つけ、言葉に表現すると、その瞬間から現実が変わり始めるのです。そこが重要なのです。くわしいことは、3章にゆずることにします。

こう話すと、

「確かにいま、恵まれている部分を見つけて感謝するほうが幸せな気分になれるとは思います。でも、私には大きな悩みがあって、なかなか感謝できません」

と、ますます暗い顔をなさる方がいます。

その気持ちも痛いほどわかります。頭ではわかっていても、気持ちがついてこないのが私たち人間です。

つらい時には「つらい」と言って泣いてもいいし、「くやしい」と言って怒ってもいいのです。無理にプラス思考になろうとして、「ああ、またマイナスのことを考えてしまった。私ってダメな人間……」と自己嫌悪になりストレスをためこむより、泣いたり怒ったりして発散するほうがずっといいのです。発散しないでがまんを続けるほうが、かえってマイナスにとらわれてしまうことになります。

実は泣くことや怒ることは浄化といって、マイナスエネルギーを消していくための行為なのです。

そして心の中にたまっているものを吐き出し、浄化して少し軽くなったところで「ありがとう」を唱えます。心からの感謝じゃなくてかまいません。形からでいいから「ありがとう」を繰り返し唱えていると、脳波もアルファ波になり、イライラした気持ちや不安な気持ち、怒りや悲しみが和らぎ、リラックスしてきます。

もし、感謝法を熱心にやっているのに変化がないなら、まだ回数が足りないのです。「ありがとう」を言う回数より、「つらい」「腹が立つ」などマイナスを心の中でつぶやいている回数の方が圧倒的に多いか、または怒りや恨み、つらさや病気を心でしっかりつかんでしまっている。つまり、決めつけ、確信としてしまっているからです。勇気をもって手放して、「ありがとう」をひたすら続けて下さい。必ず変わってきます。

そして、これは感謝法を続けている方がよく経験されることですが、「ありがとうございます」という感謝の言葉を真剣に唱え続けていると、ある時突然、心の底から感謝の気持ちが涙とともに湧きあがってくるのです。いま、自分が手にしている幸せについて頭で理解するのではなく、心から実感し感謝できるようになるのです。本当に不思議ですが、一度この不思議さを体験してみてください。最高に幸せな瞬間で、本当の幸せが実感できると思います。

自分が変わると、まわりも変わる

いま、自分が手にしている幸せに気づき始め、さらに「ありがとう」を唱え続けると、例えば、家族揃って食卓を囲んでいるというような、あたりまえだと思っていたことが、とてもうれしく、ありがたく感じられてきます。

それまで「給料が安い」「帰りが遅い」「会話がない」「家でごろごろしないで」と、夫に文句ばかり並べていた奥さんの気持ちが、「夫が元気で働いてくれてうれしい」「一生懸命会社で働いてきて疲れてるのね。グチもこぼさず我慢して頑張ってくれている。ありがたいわ」というように変わってきます。

お子さんに対しても、「行儀が悪い」「成績が悪い」と文句を言っていたけれど、「元気な子でよかった」とか「思いやりのある子でうれしい」などと、お子さんのよさに自然に目が行くようになっていきます。すると、その次の段階として、相手や現実が変わり始めるのです。

他人から「感謝の心が大切よ。感謝して生きるのよ」と押しつけられると、それはそうだと思いつつも反発したくなりますが、感謝法をすると自分の内側から、自然と心からの感謝の気持ちが湧き上がってきます。また、感謝の心が湧き上がる前に、現実が変わることもありますが、ここは人智では計り知れない不可思議なところです。

ありがとうノート

下の見本を参考に、日々の出来事への感謝、まわりの人への感謝を、ノートに書いていきましょう。

平成○年○月1日

営業のAさんに笑顔がいいとほめられた。うれしい!　ありがとうございます。帰りの電車からみえた夕陽がとても美しかった。ありがとうございます。

平成○年○月2日

このところギクシャクしていたBちゃんとも、話が弾んだ。彼女も本音で話してくれた。よかった～。ありがとうございます。今日も元気に気持ちよくお仕事できること。ありがとうございます。空気がカラッとしていて、気持ちいい1日だった。ありがとうございます。庭のスミレが3つ咲いた。ありがとうございます。

平成○年○月3日

Bちゃんが気配りしてくれ、いい笑顔で話しかけてくれた。ありがとうございます。しばらく会ってなかったCさんが夜、電話をくれた。日曜日にCさんと会うことになった。楽しみ。ありがとうございます。

持病の腰痛がでた。でもちゃんと仕事ができた。腰さん、がんばってくれてありがとうございます。

「ありがとう」を唱えるのと並行して、前ページに載せた「ありがとうノート」を参考に、日々の出来事への感謝、人への感謝を、ノートに書きつけてみることもオススメします。紙に書くと、同時に潜在意識の中に書き込むことになるので、感謝の気持ちが深く心に刻まれるからです。

感謝できる事柄や感謝できる相手をたくさん見つけ、その事や人に「ありがとう」を唱えていると、焦りや不安、心配、不満といったマイナスの気持ちが薄らぎ、代わりに満足感や幸福感、感謝といったプラスの気持ちが満たされていくのです。

感謝法で苦手な人との関係がよくなる

自分自身に対してや、あなたのまわりの感謝できる相手、感謝できる事柄に対して「ありがとう」を唱えるのは、わりと楽に実践できると思います。それができるようになったら、ちょっとやりにくいと思いますが、あなたの苦手な人や、いまトラブっている相手にも「ありがとう」を送ってみましょう。

「あなたに意地悪する相手に『ありがとう』を唱えてみてください」と書くと、「なんで私がそんなことしなきゃいけないの⁉　相手が一方的に意地悪をしていて、だれがどう見ても相手が悪いのに」と反感を感じるかもしれません。

私は、「理不尽な相手に対しても、あなたが我慢して折れたほうが得」というような大人の処世術をすすめているわけではありません。

「ありがとう」と心の中で言うことさえも抵抗のある相手には、スタートでは「クソッ！ありがとう」でもいいのです。これだったらやれるでしょう‼

相手の顔を思い浮かべるのも嫌という場合は、その相手の後ろ姿をイメージしましょう。そしてイメージの中の相手に、「ありがとうございます」と繰り返し唱えます。形からの「ありがとう」であっても、繰り返し唱えるうちに不思議とイライラや嫌悪感がおさまってくるものです。職場などで相手がそばにいる場合は、現実の相手の後ろ姿に向かって、心の中で唱えるのもいい方法です。思い切って「ありがとう」という言葉を唱えれば、状況は変わってくるのです。

いい出会いを引き寄せ、波動を高める感謝法

現在トラブっている相手ばかりでなく、すでに別れた相手に対しても、「ありがとう」を唱えることをオススメします。

これは男女間の別れだけでなく、もめ事などで縁が切れてしまった友人や仕事関係者などにも当てはまることですが、現実には不本意な別れ方をしていても、「ありがとう」を唱えて、別れをやり直しましょう。

特に恋人と別れた、パートナーと離婚したというような場合、ダメージは大きいものです。浮気されたとか、心を傷つけられた、相手に振られたというような状況で別れると、その悲しみ、苦しさからいつまでも抜け出せないということがあります。

別れた直後で、怒りや悲しみでいっぱいという人ほど、そのつらさから抜け出すために、「クソッ！ ありがとう」でいいから唱えることが大切です。別れた相手の姿を思い浮かべて、そのイメージに向かって、頑張って「ありがとうございます」

を唱えるのです。

本当の別れとは肉体的な別離ではありません。心の中での別れ方、つまり、その相手や別れをどうとらえ、別れの結果、心のなかに何が残るのかで次の出会いが決まるのです。

どんなに正当な理由があっても、人に対して恨みの気持ちを残すことは、あなた自身の運気を大きく下げて人生を台無しにしてしまうのです。

ですから、裏切られたという意識がある場合は、相手を恨む気持ちが消えるまで、「ありがとうございます」という言葉を念入りに唱えることで、別れのあと心に、「ありがとう」を残すことになるのです。

「ありがとう」を唱えていると、ありがたかったことが、だんだんわかるようになり、自分のほうで足りなかったものに気づき、謙虚さ素直さが生まれてくることが多いのです。すると次の出会いは、感謝の波動で引きあいます。バージョンアップしたすばらしい人と出会えるのです。たとえ、とくに感謝の気持ちなどが生まれてこなくても、マイナスの思いが消えれば大丈夫です。

つらい別れを乗り越えて自分の心が成長すると、その次には必ずよい出会いが待っているのです。

別れ方は、次なる出会いをうらなうのです。

〝過去のとらわれ〟から抜け出し、幸せを見つけるには？

これは、先日、笑顔セラピーを卒業された受講生の方にうかがった話です。

彼女は、前の彼との別れから時間もたち、そろそろ新しいおつきあいをスタートしたいという気持ちになった時に、タイミングよく彼女に好意を寄せる男性から食事に誘われたのだそうです。彼女もその男性にいい印象を持っていたので、デートの申し込みをオーケーしました。

ところが、おしゃれなレストランに連れて行ってもらい、ふたりでテーブルについて食事をしようとすると、吐き気で気分が悪くなってしまいました。その日のデートは散々で、食事もそこそこに切り上げたそうです。

彼は次のデートにも誘ってくれたのですが、楽しくデートしたあと、夕方になって食事に誘われた途端に、彼女はまた気分が悪くなってしまいました。前回途中で帰ってしまって悪かったという気持ちがあるので、彼女は我慢して食事につきあおうとしたのですが、やはりテーブルについて食事を始めると落ち着かず、気分も悪くなり、とてもつらくて話もはずみません。男性とひとつのテーブルにつけない、いっしょに食事ができないという、一種の摂食障害です。

彼女は結婚を前提としたおつきあいをしたい、という気持ちで、彼からの誘いを受けているので、なぜ吐き気がするのかわからず苦しんでいました。このままおつきあいを続けても、彼と食事を共にすることができなければ結婚生活は成り立ちませんから、彼女は悩んでしまいます。

当然、彼のほうでも、すぐに席をたってしまう彼女に、「何か怒らせるようなことを言った？」とか「俺の誘いは迷惑なの？　俺のこと好きになれない？」などと疑心を抱きます。彼女はもちろん否定するのですが、信じてもらえず、始まったばかりの交際も暗礁に乗り上げたような状態だったそうです。

そんな状態の時に彼女は笑顔セラピーを受講されたのです。

実は彼女、前の彼に振られた時、食事の席で別れ話を切り出されたのだそうです。彼女としては突然のことで、とてもショックを受けました。そのつらい思い出にふたをして、自分ではすっかりふっ切れたつもりになっていたけれど、笑顔セラピーに通ううちに、そのショックが残っていて、それが恐怖感や不信感といった塊となって、心の底に沈んでいたことに、自分で気づいたのです。

なぜ吐いてしまうのか原因がわからなくて苦しんでいたのが、その原因がわかったことで、思い出の中の以前の彼に「ありがとう」を唱え送ったのです。そうしたら、いままで心にふたをしていただけで癒えていなかった失恋の傷から解放されました。思い出の中の以前の彼に感謝でき、心の中できちんと別れることができて、心の浄化ができたようなのです。それからは新しい彼と食事もできるようになり、前向きにおつきあいが進んでいるとのことです。

ここで気をつけたいことは、ふっ切ることと、浄化することは違うということです。苦しい状態から早く逃れたいため、自分を納得させる考えをつくり上げ、「整理がついた」といって、そのことを心の奥に沈めてしまう人が多いのですが、結局、浄化できていない怒りや不安、恨みを心の奥に抑圧すると、それらは余計に強くなり、塊となって、まるで重りのように自分の人生の運気が上がるのをさまたげてしまいます。

このように、つらい別れや出来事の思い出にふたをして、お酒や仕事の忙しさのなかに逃げたり、ショッピングやレジャーで気を紛らしてふっ切ったつもりでも、心の奥深くに未消化のつらさや恨みがトラウマとなって残り、それが波動となります。すると、次の人がなかなか現れなかったり、次の人も似たようなタイプで同じようなことを繰り返してしまったりするのです。

マイナスのエネルギーを洗い流す好転反応

漢方薬を服用したり食事療法を始めると、一時的に症状が悪化することがあります。体質が変わる前段階として、たまったマイナスを吐き出す為に一時的に悪くなる状態を、「好転反応」と言います。

同じように、「ありがとう」を唱え始めると、この好転反応が起こることがあります。事態がいい方向に向かう前に一時的に状況が悪化することがあるのです。

好転反応がほとんど出ない人もいますが、人によってはこの好転反応が強く出る場合もあるようです。「ありがとう」のプラスのエネルギーによって、いままでの人生で心の奥深くにたまっていたマイナスのエネルギーが一気に洗い流される時、一時的にマイナスの出来事が次々起きたりするのです。

例えば、持病の症状が一時悪化したり、物を失くしたり、トラブルが発生したり、人間関係が切れたり、リストラに遭《あ》ったりといったことが起こってきます。

でも、好転反応でマイナスのエネルギーが洗い流されたあとには、必ず桁違いの幸せが花開くのです。一時的にトラブルが起きたとしても、そのあとには体調がよくなったり、いい出会いやいい出来事が起こったり、イライラが消え、とても安らいだ気持ちになったり、というように大きくプラスの方向に向かっていきます。

感謝法を始めたころは、人生という木に枝や葉が茂ったり、花や実がいくつかつくという変化だとすれば、好転反応のあとは、根っこから変わるという感じで、いままでとはもうまるで違う木のように葉も花も生い茂り、色も形も味も格段にすばらしくなっているというわけです。

私自身もこの好転反応によって、大事にしていた人間関係がいくつか切れるということを経験しました。その時はびっくりして、「どうして?」と傷つきましたが、あとで考えると、人間関係が切れてしまった相手というのは、ギブ＆テイクの関係で、相手に対し、何らかの役割を期待していた人たちで、私が内心、見返り（テイク）を求めていた関係だった、ということに気がつきました。私がギブだけの気持ちで接していた人たちとの関係は良好に続いていましたから、私が人生で次のステージに上るためには、人を頼りにしたりテイクの気持ちを向けることをやめる必要があったのだといまふり返って感じています。

実際、好転反応が収まった後、東京の笑顔セラピーの教室数が2つから7つに増え、教室を私とともに支えてくれるすばらしい笑顔セラピストたちが集まり育ってくれました。出版のお話は、この本を含め1年に5冊と次々といただき、すばらしく人生を変えるCDが2種類つくれ、DVD付きの通信講座もできる、といった具合に、たった半年でタイミングよく流れに乗って、何か大きな力にあと押しされているように、笑顔セラピーが大バージョンアップしたのです。

意図的にこういう拡大作戦をとるには、よほど緻密な計画をたて、予算もとり、各所に働きかけるなど、大きなパワーと能力が要りますし、大きなリスクを伴いうまくいくとは限りません。しかし私は、ただ流れに乗って目の前のことを一所懸命やっただけなのです。本当に幸運に支えられた結果なのです。

だから好転反応って本当にうれしいことなのです。好転反応を受け入れ、次に何が起きるか、もう楽しみにしましょう。好転反応をいやがると浄化はおきず、一生ジワジワとつらい思いをするハメになりその後プラスは起きません。

このチャンスを生かすため、よろこんで受け止める事が大切です。「嫌だ」「つらい」「もうダメ」「最悪！」など、マイナス用語を絶対言わない事、そして、その時いちばん大切なのは「ありがとうございます」を熱心に唱えることです。

家族との関係が変わるとすべてが変わる

このように好転反応は、人生がよい方向に向かっていくための通過点なのですが、とはいえ、リストラに遭ったりすると、その時にはとてもショックだと思います。でも、あとになって考えると、必ず意味があるのです。

生徒さんの中にも、好転反応でリストラに遭った方がいらっしゃいますが、そのあと、「前よりずっと自分に合った職場が見つかりました。前の会社をクビにならなければ、この職場には出会えなかった！」などと、うれしい報告をいただきます。

つまり、本来進むべき道に進むために、一度、いままでのことを清算する必要があったわけです。

最近の生徒さんの例で言うと、「ありがとう」を唱え始めてから、好転反応が起こって、短期間に3回もリストラに遭ってしまった20代の女性がいます。

笑顔セラピーに入ったころの彼女は、自分のことが大嫌いで、自己否定・自己卑下の気持ちが強かったといいます。また、家族との仲も悪かったのだそうです。ご両親や兄弟と同居されているのですが、家族とソリが合わず、家庭には会話もなくて家族関係もギスギスしていたのだそうです。

彼女は、笑顔セラピーで笑顔と感謝法を始めてから、5カ月で3回もリストラされたため、「私は社会から必要とされていないのか。だれからも相手にされないんだ」と、とてもつらくなったといいます。

もともと彼女自身も自分のことが大嫌いだったのですが、「これだけみんなから嫌われていて、そのうえ私自身までが私を嫌ったら私がかわいそう、私だけでも私を好きになろう」と決めて、自分に対して「ありがとう」を言い始めたのだそうです。

すると、笑顔セラピーの中で自分を好きになるための実習（「自分のいいところ見つけ」など）をやったこともプラスして、自分自身のことを愛せるようになり、自分を生み育ててくれた両親への感謝の気持ちが芽生えてきて、幸せな気持ちがあふれてくるようになったそうです。

大嫌いだったお母さんの存在がうれしくなり、大嫌いだったお父さんの存在がありがたくなり、口もきかなかった兄弟とも話ができるようになって……と、気持ちが180度変わって、家族に何かしてあげたくてウズウズするようになってきたといいます。娘がそうなると当然、お父さん、お母さんも変わってきます。兄弟も変わります。

「この3回のリストラを経験しなかったら、私は自分を好きになろうとしなかったし、家族の大切さに気づくこともなかったと思います。リストラという経験はつらかったのですが、家庭の雰囲気がよくなり、自分自身への見方も全く変わって、いままでの人生の中でいまがいちばん幸せなんです」と、彼女は言いました。

教室を卒業される日には、来る途中で買ったと言って、父の日のプレゼント用のバッグが入った箱を大切そうにかかえていました。

「この間からなんだかとても気持ちが変わってきて、親に対してすごく感謝の気持ちが湧いてきて、何かしてあげたくてしょうがないんです。実は父の日のプレゼントはもう買って用意してあったんですけど、また何かしてあげたくなって、さっきふたつめのプレゼントを買ったところです」とおっしゃいました。

家族というのは最も近い間柄だけに、いったん関係がこじれると、憎しみもわいて来ます。自分自身や家族のことを嫌いだと思っている人が、他人を心から好きになることはできません。

自分や家族は嫌いだけど、他人だったら心から愛せるし信じられる、という人はいないのです。他人を愛していると錯覚しているだけで、実は依存しているのです。

ですから、自己否定をしていた人が自分を肯定し好きになっていったり、家族との関係が悪かった人が家族と仲良くなると、その人の外での人間関係までが変わっていきます。それは当然職場の人間関係にも及んできますから、彼女は次の職場ではとてもいい人間関係が築け、イキイキと仕事を始めました。

〝変化がない〟と思うのは、なぜ？

「笑顔」と「ありがとう」を始めると、このように好転反応が起きてからプラスの方向に進むか、あるいはスムーズに「ツイテル」「運がいい」という状態になるかのどちらかですが、たまに「変わらない」とおっしゃる方がいます。

「一生懸命、『笑顔』や『ありがとう』をやっているのに、何もいいことが起こらない。幸せになれない」とおっしゃるのです。

「『笑顔』と『ありがとう』の法則に例外はないのにおかしいな」、と思って、そういう方によくよくお話を聞いてみると、「そういえば、持病の腰痛が出なくなりました」とか「そういえば会社に嫌な人がいなくなりました。前は嫌な人だらけで、いじめられたりとかもあって、それにも慣れていましたけど、いまは楽ですね」と、結構、変化しているのです。それなのに「変わらない」とおっしゃるのはなぜかというと、いちばんに変えたい悩みが変わらないかぎり、そのほかのことがどんなによくなっても自分では「私の人生が変わった」とは納得できず、「変わらない」と思われるのです。

例えば、夫が浮気をしていて苦しんでいる方が、素敵な笑顔をつくれるようになって夫を引き戻したいと思って笑顔セラピーにいらっしゃったとします。ところが、いくら「笑顔」をしても「ありがとう」を唱えても夫の浮気に変化がない、と嘆かれるのです。

持病がよくなったり会社での人間関係がよくなったりと、それ以外の悩みは解消しているのに、なぜ、肝心な悩みが解消されないか、おわかりになるでしょうか。

それはその悩みを、心の手でしっかりつかんでいるからなのです。「浮気」という言葉を四六時中、心の中で使い続けているのです。

夫の顔を見たら反射的に「この人、浮気をしているんだ」と心の中で思うし、夫が帰ってこなかったら「きっと浮気相手の所に行ってるんだわ。つらい」という具合です。そして「浮気をやめてほしい」と思います。

ということは、3章にくわしく書きますが、人間は自分の使った言葉どおりの運命を歩むという法則がありますから、やめてほしがっている状況、つまり浮気している状況を現実化してしまいます。

持病の腰痛や職場の人間関係などは、つらいのはつらいけれど長年の悩みなのでこんなもんだとあきらめ、受け入れているので、つかんでいる心の手がゆるんでいるか、またはつかんでいないのです。「ありがとう」でつかんでいないところから変わっていくのです。

つかんでいるということは、言いかえると「決めている」ということです。決めつけているかぎり、その部分は決して変わりません。「ありがとうの神様」は、本人の自由意志を絶対尊重されるので、本人が心の手でつかんで決めつけていることを、手をこじあけてまで手放させようとはされないのです。

しっかりつかんでいる悩みを手放すには、次の項でご紹介する「ありがとう回数作戦」が効果的です。

驚くほどの変化を実感する集中法

感謝法は、「ありがとうございます」の持つプラスのエネルギーを自分に満たすことによって、自身の生き方を変え、幸せを呼び込むノウハウです。

ただ、「ありがとうございます」を数回唱えただけでは、その何百倍何千倍も使っている、マイナス言葉のパワーを消しきれませんから、千回、2千回、5千、1万回と、回数多く唱えていくことが大切です。

「ありがとうございます」を繰り返し唱えている間は、同時にマイナスの言葉を使えませんから、マイナスは増えず、また、たまったぶんのマイナス言葉のエネルギーはありがとうパワーで消されていくわけです。そして、大きなプラスのありがとうのエネルギーが心にたまっていくのです。

だから無心に「ありがとう」を唱えていくと、心の手でしっかりと握っていた問題へのこだわりがなくなります。無心にひたすら唱えることが大切です。

「ありがとう」という最高のプラスエネルギーで心を満たしながらマイナスのイメージをつかみ続けるというのは、よほど意思が強い人でもできないのです。

ですから、大きな悩みをかかえ、何とかしたいとせっぱつまっている場合は、「感謝法」1日5千回コース、または1万回コースをまずは3週間続ける「集中法」を実行することをオススメします。

5千回という数を聞くとたいへんそうに思われるかもしれませんが、100回唱えるのに約1分半なので、5千回唱えるのは1時間30分ほどでできます。

いつ、どこで唱えてもかまいません。職場への往復の時間などを利用してもいいでしょう。自分が1分間に何回言えるかがわかっていると、回数を数えなくても時間を見ておけば、合計でだいたい何回唱えたかがわかります。

5千回を、一日何回かに分けて実行してもオーケーです。

「そうじや洗濯をしながら」「おふろに入りながら」「犬の散歩をしながら」「車を運転しながら」など、「○○しながら」でかまわないので、回数多く唱えることを意識してみてください。

これは実行した人しか経験できないことですが、1日5千回、1万回を毎日続け、自分自身の心や、自分のまわりがすごく変化する人がたくさんいらっしゃます。

自分が別の人間に生まれ変わったように感じる人さえいるのです。

せっぱつまっている人と、とても素直な人が、特に大きく変わられることが多いようです。それは、無心に真剣に唱えられるからです。

真剣さに応じて、変わってくるのです。

唱えるたびに「これでだいぶ変わったかな？　まだ変わってないな」と効果を確

認したがる方は、変わりにくくなります。それは「まだ変わってない」という言葉を繰り返し使うことで、言葉どおり「まだ変わらない」結果になってしまうからです。

「まだ変わってない」と思った時は、「絶対変わる」と確信を強め、「より真剣に唱えるよう促されている。ありがとうチャンスだ」と思って励んでください。

「ありがとう」でつらい人間関係から卒業（沢田美佳子さん　34歳）

その日、私は、自分の会社が参加している展示会の会場で、受付をしていました。その時、突然、A子さんが目の前に現れました。ドキドキしながら、私の心臓はギュッと縮まりました。

「こんにちは」

と声をかけると、

「え？　美佳子さん？」

と、彼女は私の顔を見て、戸惑ったようにそう言いました。そして、そのあとに、

「あのころは、本当にごめんなさいね」

と続けたのです。

私は耳を疑いました。彼女の口から「ごめんなさいね」なんて言葉が出るとは……。

4年前、私と彼女は同じ会社で働いていました。

ひとつひとつの仕事をじっくりこなしていくタイプの私と、細かいことは気にせずに突っ走るタイプの彼女との間には、いつも一触即発の空気が漂っていました。

実際、彼女にキレられたり、私に仕事を任せておけず手を出されたりすることも多く、間違いなくお互いにお互いが嫌いで、心から憎しみ合っているような状態でした。

社内のほかの同僚は皆、支配的で独裁的な彼女を非難し、弱々しく内気な雰囲気だった私を、「いじめられて、かわいそう」とかばってくれていました。

その後、彼女は退社して独立し、私は

社内に残りました。彼女が設立した会社は、私の会社の製品の販売店になり、しょっちゅう注文の電話がかかってきました。

正直言って、彼女の声は聞きたくもないし、顔を思い出すのも嫌でしたが、電話が鳴れば出ないわけにはいきません。そこで私は、毎朝、駅から会社までの道を歩きながら、彼女に「ありがとう」を送ることにしました。

まず自分の家族や友人のイメージに「ありがとう」を送ったあと、「さあ、やるぞ!」と気合を入れて、彼女の後ろ姿をイメージして、「ありがとう」を特別ていねいに何度も唱えました。後ろ姿を思い浮かべたのは、彼女の顔を思い出すなんて、とてもできなかったからです。

それを続けているうちに、ある時、ふと私は気づいたのです。

あのころ、彼女はだれからも意地悪な女性と見られていましたが、本当にそうだったのかしら、と。私は彼女にいじめられている弱者の立場を無言で主張し、ほかの社員を味方につけて彼女を孤立させて、安心していたのではなかったか、私こそ彼女にひどいことをしていたのではなかったか、と……。

涙があふれそうになりました。彼女に申し訳ないことをした、と心から悔やみました。本人に会って直接謝りたい気持ちが湧いてきました。

でも、私がいまごろになって突然、「あのころはごめんなさい。いろいろ教えてくれて、たくさんのことに気づかせてくれてありがとう」と伝えたところで、彼女は冷たくあしらい、突っぱねることでしょう。

直接謝る勇気が出なかった私は、せめてもの恩返しにと、彼女のイメージに向かって、「ありがとうございます」を送り続けました。

そして、その日、展示会で思いがけず彼女と再会したのです。ちょうどお客様の切れ間で、まわりにだれもいなかったので、少しの間、私たちはふたりだけで話をすることができました。

彼女は「本当にごめんなさいね」と私に謝ったあと、「あのころはすごく気が立っていて、気持ちが混乱していたの」と言ったのです。

それを聞いて、私の口からも、「私こそごめんなさい。ずっと謝りたいと思っていたんです。あのころはいろいろ教えてくれて、本当にありがとう」と、堰を切ったように言葉が出ていました。

彼女のほうから謝ってくれたことへの驚きと、伝えたかった言葉をやっと言えたという安堵の思いで、胸がいっぱいになり、涙がこみ上げてきました。

私たちはどちらからともなく握手をしていました。そればかりか、「お互い、働くママ同士、頑張りましょうね」と励まし合い、お茶をする約束までしたのです。

奇跡が起きたその時、私はしばらくの間、高揚した気持ちを抑えることができませんでした。そして、私が送り続けた「ありがとう」の波動が彼女に伝わったのだ、と確信しました。

それから間もなく、私は会社を辞めることを決めました。彼女を許し、彼女から許されたことで、「この会社での学びは終わりました」という卒業証書をいただいたような気がしたのです。

「ありがとう」に出会ってから、私は、自分の欠点や弱いところ、ずるいところにも、きちんと向き合えるようになりました。そのことによって大きく成長し、本物の自信を得ることができたと思います。

退社後、私は、それまでお世話になった人たちに、退社のごあいさつのはがきを出しました。

数日して、数年前に辞めた元同僚のB子さんからメールでお返事が来ました。

「この間、久しぶりに会った時、『すべてに感謝して生きています』というオーラがあなたの全身から出ているのを感じました。ご活躍を応援しています」と。

実は、私は、彼女にも、たくさんの「ありがとう」を送っていたのです。彼女が退社してからはめったに会うことはありませんでしたが、彼女といっしょに働いていたころ、私は彼女からもつらく当たられていたのでした。

私と険悪な仲だったふたりの元同僚から エールをいただくことができて、「恐れることはもう何もない」という気持ちになることができました。

これからはすべてに「ありがとう」を送りながら、次のステージで出会う人々と、また新たな気づきを得る旅を続けていこうと、胸を躍らせています。

「ありがとうございます」に出会えたことは、私の一生の財産です。本当にありがとうございます。

3章

心の習《ク》慣《セ》を見直すと、さらに毎日が気持ちよく回りだす

「言葉」の不思議な力

動物にはできなくて人間だけが持っているすばらしい能力に、笑顔と言葉と呼吸法があります。

動物は笑顔をつくったりしませんが、人は、頬の筋肉をヨイショと持ち上げて笑顔をつくることが可能です。

言葉を使うことも動物にはできません。人が発する言葉のひとつひとつには波動がありますから、いい波動を持った言葉を意図的に使えば、波動の共鳴現象で、プラスのエネルギーを持った人や出来事を呼び込むことができます。

また、動物も呼吸はしていますが、呼吸法ができるのは人間だけです。緊張している時や物事がうまくいかない時には呼吸が浅く速くなっています。

そういう時に、呼吸をゆったりとしたペースに調整するのが呼吸法です。息をお腹からゆっくり長～く吐くことにより、吐く息中心の長い息である腹式呼吸になり、その結果、脳内モルヒネが出て、脳波はアルファ波になるのです。

呼吸法の効果は笑顔の効果と同じです。身体がとてもいい気持ちで、痛みなどもやわらぎ、新陳代謝や血流がよくなり、自律神経の働きがバランスよくなります。脳波がアルファ波になると集中力が出て、能力もアップし、ひらめき発想もグーンとよくなるので、何ごとによらずうまくいきます。呼吸法によって、リラックスしている時と同様の、深くゆったりとした呼吸に意図的にチェンジすることができるわけです。

これら笑顔と言葉と呼吸法の3つはほかの動物には与えられていない能力で、人間だけが使うことができるものです。ほかの動物にはこの3つの能力がないので、自分で自分の運命を変えることができず、与えられた「宿命」を生きるしかありません。

しかし、この3つをコントロールできる能力を天から与えられている人間だけは、この3つを使って、自分の自由意思で「運命」を切り開いていけます。たとえいま身を置く環境がマイナスでも、人間はこの3つを使って、自分で自分の幸せをつくり出していけるわけです。

笑顔によって幸せになる方法はお話ししましたので、本章では、言葉と呼吸法によってさらに運をよくする方法をお話ししていきます。

言葉はあなたの〝人生の居場所〟をきめる

私は、「低血圧やから朝はダメ」とずっと思い込み、まわりにもそう言っていました。「朝早く起きられたら、あの仕事もこの仕事もどんどん片づくのに」と思いつつ、いつも仕事に出かけるギリギリまで起きられませんでした。人生の「ぬるま湯ゾーン」です。

「ぬるま湯ゾーン」とは、あるべき自分とは違うなあと思いつつ、「私には持病があるから」とか「子どもがまだ小さいから」などと自分に言い訳をして、同じ思考パターン・同じ行動パターンをずるずる続ける状態のこと。それなりに慣れているので安全で居心地のいいぬるま湯状態ですから、そこから抜けるには大きな勇気が必要です。

2年前、私は「よし、ありがとうの本を書く！」と決意しました。しかし、いままでの時間の使い方では本を書く時間はとれません。たいていは、終電近くで自宅に帰るという忙しいパターンの生活ですので。そこで、自宅の最寄駅まできたら、そこからファミリーレストランに行き、深夜2時、3時と、限界まで書き続け、たまには朝5時まで執筆しました。そうして、約4ケ月で書き上げました。一念発起して限界破りにチャレンジしたのです。

すると、不思議です。あれだけ朝が苦手で、「7時間は寝なきゃダメ」と思いこんでいた私が、4〜5時間も寝ていない日でも、いつの間にか朝スッと起きられるようになり、体力が衰えることも一切なかったのです。決意を言葉にして宣言することで、ぬる湯ゾーンを脱出して私は望む方向に変わっていけたのです。

言葉にすると望ましい方向に進んでいけるというのは、私だけに起こることではなく、すべての人に当てはまる絶対真理です。序章でお話したように言葉には波動があり、使う言葉通り現実化されていくのです。

日本では昔から、言葉の持つ不思議な働き、言葉に宿るパワーのことを言霊《ことだま》と呼んで大切にしてきました。

古来、言葉には霊的な不思議な力が宿るとされ、私たちの住むこの日本は「言霊の幸《さきわ》う国（言葉の持つ霊妙な力によって幸せエネルギーに満ちあふれた国）」と呼ばれていたのです。それほど、われわれのご先祖は、言葉の持つパワーを実感し、言葉を大切にしてきたわけです。

あなたの使う言葉であなたの運命は変わっていきます。言葉で自分の人生の設計図を描いたあとは、必ず言葉どおりの人生を歩むのです。このことを「へェー、そういう考え方もあるんだ」と軽く受け取る人がいらっしゃいますが、実はこの法則の外で生きられる人は、ひとりもいないのです。絶対の真理なのです。

だから、人の悪口を言えば、言葉の持つマイナスの波動によってその言葉を発した本人のツキがどんどん落ちていきます。

また、こうなりたい自分というのがある場合は、できるだけ具体的にそれを言葉にして宣言すれば、現実がその方向に進んでいくのです。

健康になりたかったら、口にしてはいけないこと

言葉の使い方で、私たちが日常よくやる間違いが、病気に関することです。病名は極力、口にしないでください。

健康になりたかったら、「私は糖尿病で……」とか、「偏頭痛があって……」「ぎっくり腰で……」「アトピーで……」「花粉症で……」などといった病名を言うのはタブーです。ご自分の病名だけでなく、「子どもが喘息で……」「父が胃がんで……」など、ご家族の病名に関しても同じです。病名を言うたびに、その病気である自分を現実化してしまうのです。もちろん、医師の診断を信じていれば「（治療で）少しずつよくなる」と思い、そういう言葉も同時に使っているので、医師の言うとおりの経過を経て治ります。しかし、「ありがとう」による奇跡は起きません。

病気という言葉のマイナス波動を心にためこんでいると、その波動に共鳴して、病状がさらに悪くなる場合もありますし、医学の力で治ったとしても、言葉の力でいずれまた病気になってしまうのです。

また、病気の話をする時軽く淡々と話したり、明るく楽しそうに話す人は、あまりいらっしゃいませんね。暗く重い声音で、言葉に実感をこめて話されます。特に自分の病名を伝える時は、断定的な言い方になりがちです。「私、〇〇病なのっ！」という調子です。表情も、暗く険しくなります。病名を口にする度に、病気の苦しい症状や病院の雰囲気、将来の病気の進行などをイメージし感じてしまい、暗い顔になるのです。

そして、病気が重くたいへんな思いをしている人ほど、短時間の会話であっても、その間に病名を何度も繰り返されます。皆さん、病気を治したい、なんとかしてよくしたい、病気から解放されたいと考えているのですが、そう思えば思うほど、病気のことが頭から離れず、何度も病名を口にするのです。

「夕方5時くらいになるといつも頭が痛くなるんです」とか、「行事がある日の朝になると必ず喘息の発作が出るんです」などと、いままでの経験から自分で法則をつくり、確信をもって言い切ってしまいます。

笑顔セラピーでは、これを「決める」「自己限定する」と言いますが、「私は○○病だ」とか「私は□□すると必ず具合が悪くなる」などと「決めつけ」て「言葉にする」と、心でその状況をつかんでしまっているのでその枠から出られません。

繰り返し言いますが、人が使う言葉は現実化され、使う言葉によって運命は変わっていきます。

マイナスの言葉はマイナスの現実を生み出す

私は22歳のころに、病院で心臓に問題があると言われ、心臓に関するふたつの病名を言い渡されました。

悪化することがあるので、1年に1度は心電図を撮りに来るようにということでしたが、それから40数年の間、全く検査に行かず心電図を撮っていません。毎日を生きることに真剣で、病気であることすら忘れていました。

特に笑顔セラピーを開いてからは、どうしたら講座がより充実するか、目の前にいる受講生の方々がどうしたら幸せになることができるかということを、必死に考えて生きていました。すると、いつの間にか20年以上の月日がたっていたのです。

病気だということを忘れて懸命に生きていたため、ありがたいことにその間1度も心臓の病気の症状は表れませんでした。

ところが、つい10年ほど前に、そういえば心臓の病気があったはずと思い出し、このことを例に、病名を言わなければ症状が出ないことをお伝えしたいと、いつも講演で、自分の心臓病の病名を挙げて、「30年以上病院の検診を受けていませんが、なんの症状も出ていません」とお話していたのです。

しばらくすると、30数年間全く出てこなかった心臓病の症状が出てきたのです。講演の中で病名を何度も口にしたことで、いままで「無視」できていた病気の存在を自分自身でつかんでしまい、現実に症状が出てくるようになったのだと思います。言葉にしたことは現実化されるといういい例です。そこで、私は心臓の病気の話を講演ですることをやめました。するとそれからは、動悸が激しくなることも一切なくなり、今70才を向かえとても元気です。

私がここで言いたいのは、病院に通わないほうがいいということではありません。健康になりたければ、病名や症状を口に出すのも考えることもできるだけやめることです。

私は受講生の皆さんに、

「具合が悪い時は病院に行くのは仕方がないけれど、病名は受け取らないでお返ししましょう。病院の玄関を出る時にそこに病名を置いて帰ってください」

とお伝えしています。

もし病気にかかったら、まず病気から学んでください。自分の「気」のどこが病んで病気になったのか、それに気づくために病気はあるのです。どこかで怒りや嫉妬、悲しみなど、マイナス感情を引きずっていないか、マイナス感情を生み出すような価値観を持っていないか。また、何か、偏りやこだわりを持っているのかもしれないと。気づいたら、あとはそれを「ありがとう」で浄化するだけです。

ただし、まれに近親者のマイナスを身代わりに引き受け、病気を背負っている人もいるそうですが、そういう人は背負う力があるから背負っているので、不思議と悲観的にはならないはずです。

しかし、そうは言っても、お医者さんから病名をつけられると気にせずにはおられません。ついつい病名を口にしてしまった時は、「キャンセル、キャンセル、ありがとうございます」と唱えて打ち消してしまいましょう。また、体の悪い箇所に対して、つらい状況でも頑張ってくれていることに「ありがとう」を伝えましょう。「ありがとう」には言ってしまったマイナスの言葉、描いてしまったマイナスのイメージを消し去る強力な消しゴムのような働きがあります。

どこでマイナスを握っているか原因がわからないままの時も、ちゃんとそのマイナスの原因を消しさってくれ、そのあと、その病気から学ぶべきことを教えてくれるのが「ありがとうございます」なのです。

人の脳は同時にふたつの言葉を言えるようにはなっていません。「ありがとうございます」を集中して唱えている間は、病気のことで悩む余裕がなくなり、「私は○○病だ」と病気をぎゅっと握っていた心の手が、ゆるんでいきます。

病気のことが頭をよぎったら「ありがとうございます」を唱え、プラスのエネルギーで心を満たしてください。

「キャンセル」は最初に何回か言ったら、あとは「ありがとうございます」を連呼するだけでいいのです。

言葉をプラスに変えたら人生はプラスになる

ここまでお話してきたように、使う言葉は現実化されます。

「朝が苦手で」と言っていればなかなか起きられないし、「水を飲むだけでも太るんです」と言っていれば、なかなかやせられないでしょう。

よく「子どもはほめて育てろ」と言いますが、「すごい。よくできたね。おもしろいアイデアだね」などとほめていると、やる気のある子になるものです。

逆に、「ダメね。本当に悪い子ね」などと言われ続けた子はだんだんとやる気をなくし、気持ちもひねくれていきます。

実際、カウンセリングをしたり、受講生の方と接していて実感したのですが、いま、その人が抱えている問題の根っこをたどっていくと、子どものころに受けた言葉の傷が、いま現在のその人のトラブルの原因をつくっていることが多いのです。しっかりと潜在意識の奥深くにしまわれているので、自分でも気づいていないことが圧倒的に多いのですが、カウンセリングをしていくと、問題の根っこは10年も20年も30年も前につけられた言葉の傷だった、ということがよくあります。

それほど、言葉の持つ力はすごいのです。

使う言葉は、慎重に選ばなければなりません。子どものころから親がよく使う言葉を聞き続けたり、まわりの環境の影響を受けたりして、培われてきた思考パターンによって、無意識にマイナスの言葉をたくさん使っているために、幸運が逃げマイナスを引きこんでしまって、大ゾンをしている人が少なくありません。

カウンセリングなどを通して、受講生の方々を見ていると、ほとんどの人がこのパターンで苦労されています。かくいう私も人生の前半はこのパターンで、努力しても努力してもむくわれず、つらい人生でした。

ですから、「マイナスの言葉は使わない。プラスの言葉を使う」と決めて、意図的にプラスの言葉を選ぶ必要があります。何よりも優先してこの転換をやることが大切です。

といっても、長年にわたって使い続けていた言葉遣いのクセを変えるのはたいへんなことです。

そこで141ページにマイナス言葉をプラス言葉に変換する例を載せました。最初はぎこちないかもしれませんが、プラスの言葉を使うことを意識して続けていると、そのうち、プラスの言葉が自然に口から出てくるようになります。

例えば、「あ〜疲れた」とか「あ〜しんどい」や「忙しいわ」が口グセの人は、まずこの習慣をやめましょう。「疲れた」「しんどい」と言わずに、「あ〜よく働いた」「よく頑張ったわ」や、「ずいぶん、仕事できた」「よくやった」などなど、プラスの言葉に言い換えてみましょう。

言葉のプラス変換表

マイナスの言葉		プラスの言葉
暗い・病気・反発 消極・否定・陰気	➡	明るい・元気・素直 積極・肯定・陽気
忙しい	➡	充実している
できない、嫌だ	➡	やってみよう
たいへんだ、きつい	➡	やりがいがある、 なんとかなる
難しい、まいった	➡	手応えが感じられる
つまらない	➡	おもしろくなる
どうしよう	➡	考えよう、工夫しよう、 大丈夫
失敗だった	➡	次につなげよう、 いい経験だった
いいことがない	➡	これからよくなる
お金がない	➡	まだ○○円ある
もう歳だ	➡	まだ○歳だ。元気だ
(仕事で)疲れた	➡	よく働いた

「疲れた」と言うと、2倍も3倍もどっと疲れます。より疲れた気がするという気分の問題ではなく、毎日のように口にすることで、言葉どおりの現実をつくり出すのです。

雨が降ったら、「うっとうしいお天気」と言う人と、「草木がよろこんでいるわ。いいお湿りね」「恵みの雨だね」と言う人に分かれます。

「あの人、うるさいね」と言わず、「あの人、にぎやかで元気ね」と言う人になりましょう。「あの人、暗いね」と言わず、「あの人、元気になるといいね」と言いましょう。

「そんな些細なことで人生がほんとに変わるの？」と思われるかもしれませんが、確実に変わるのです。

言葉はあなたの思考や行動を規定します。あなたの人生は実は言葉によって、すべて決められているのです。

聖書の中にも「はじめに言葉があった。言葉が神であった。すべては言葉によってできた」とあります。

だから、いままでクセになっていた言葉遣いを意図的に変えることによって、クセになっていた思考パターン・行動パターンから脱することができるのです。

思考パターン・行動パターンが変わると、脳が活性化して、潜在能力がどんどん引き出され、物事がうまく回り出し、人間関係も円滑になっていきます。

プラスの言葉を使うことは、あなたの人生に必ずツキを呼び込んでくれるのです。

東北地方の大震災のような災害の渦中にある時、「苦しい。つらい。助けて！」と思うのは、人間として当然です。しかし中には、「さあここからだ。皆様の愛がうれしい。ありがたい」とプラスの言葉を言い、自らも他のために働き、助けている人がたくさんいらっしゃいました。

そういう人々は、表面的には家が流され、仕事を失い、不幸のどん底に見えますが、そこからいままで当たり前に与えられてきたことがいかにありがたいことかに気づき、感謝に生きることを始められ、なくしたものを悔やむより、与えられている喜びに生きていかれることでしょう。そして、結果幸運の持ち主になっていかれるのです。

怒りや批判から良いものは生まれない。愛から生まれる平和

2017年10月28日の米大リーグのワールドシリーズ第3戦で、グリエル選手がアジア人を指す侮辱的なしぐさをしたことに対し人種差別的行為として、大きな批判をあびました。その出来事に対してのダルビッシュ選手の素晴らしい対応が話題になったのです。

ダルビッシュ氏はツイッターで、次のように書き込みをしました。

「完璧な人間なんていません。彼もそうだし、僕だってそうです。彼が今日したことは、正しい行為ではなかった。

それでも僕たちは、彼を責めるよりも、学ぶ努力をするべきなんです。この経験から学べるならば、人類にとって大きな一歩になるはずです。

僕たちはこんなにも素晴らしい世界に生きているのですから、怒りにフォーカスするのではなく、ポジティブに、前に進んで行きましょう。

皆さんの大きな愛情が、僕の支えになっています。」

また、北アイルランド独立戦争で犠牲になった子供達の為にたった1日で6000名の署名を集めたベティーウィルアムの以下のコメントに、私は心を打たれました。

「子供達が傷つけられるのを見ると、とても荒々しい気持ちになる。その時、一瞬一瞬自分と格闘する。怒りや反発からは何も生まれないから。自分の気持ちと格闘してポジティブな感情に転換することで、怒りを有益な事の為に用いるのです。仕事の中に問題があると鏡を見る。問題は常に自分の中にある。平和は自分から始まる。戦いから平和は生まれない」

インドを救ったガンジーは、打たれても決して打ち返さない非暴力によって、インドをイギリスの植民地から独立させたのです。

ダルビッシュ氏のコメントは、ガンジーや、ガンジーの思想から影響を受けたキング牧師の思想に通じます。

今の政治家たちはガンジーの名言に学んでほしいと思います。

・「武器は、人間の強さではなく、弱さのしるしなのです」
・「非暴力ははるかに暴力にまさる、敵を赦すことは敵を罰するより雄々しい」

・「怒りには愛をもって応え、暴力には非暴力をもって応えるという、永遠の法をよみがえらせることが肝要なのです。」

批判と反撃合戦を繰り返している北朝鮮やアメリカのトップリーダー、他者，他党の批判合戦を繰り広げる日本の政治家は、ダルビッシュ氏の愛やベティーウィルアム、ガンジーの勇気ある行動から学び、愛を実践してほしいと心から願います。

そして今、このペンで政治家たちを批判している、私こそが愛を学び、実践し、ポジティブに前へ進む勇気が、今ここで必要です。

マイナスが生まれた時にそれを批判する波動を送ると、自分もまわりもそれに同調して、ますますマイナスの波動が大きく広がっていきます。批判合戦をして勝っても負けても、誰も幸せにならないのです。

同質の波動は同調し増幅するという波動の共鳴現象によって、批判という負の波動は、負のエネルギーを増幅させてしまうのです。それは、正しい批判であっても同じです。

反戦デモなども、動機は「戦争を止める」という正義なのですが、「戦争反対！」と手を振り上げ、顔を引きつらせて声高に叫んでいるあのエネルギーは、平和のエネルギーではなく、戦いのエネルギーそのものだと感じます。

戦いのエネルギーで戦いを止めることはできません。

「戦争に反対する」より「平和のエネルギーを送る」ことでしか、戦争を止めることはできないのです。ひとりひとりが幸せで平和の波動を出してまわりを同調させていけば、デモをしなくても、今ここにいながらにして、本物の平和運動ができるのです。

だから、もし誰かを恨んでいたり怒っていたら、自分は戦争に荷担していることになります。自分が嫌いで、自分に攻撃的ならなおさらです。ひとりひとりが幸せで心穏やかにいることこそ、争いのない平和な世界なのですから。

そしてそれは、私たちひとりひとりが、まわりの人々に「笑顔」と「ありがとう」を送ることから始まるのです。笑顔をつくることと、感謝することこそが、だれでもすぐできていちばん効果の大きいパワーの強い本物の平和運動なのです。愛をもって行動する事は、大きな勇気が必要だけれど、笑顔とありがとうございますは、怒りや批判、復讐心を溶かし愛と勇気を生みだす魔法なのです。

✳✳✳ 心をプラスエネルギーで満たすために

マイナスの言葉、マイナスの波動の弊害についてお話してきましたが、その根本にあるのがマイナス思考です。

「私にはあれがない、これがない」、「ない、ない」というマイナスの気持ちが強いと、せっかくプラスの言葉やイメージを実践したり、「ありがとう」や「笑顔」を実践しても効果が小さくなってしまいます。全く効果がないわけではありませんが、プラスの言葉やイメージを実践していても、「ない、ない」というマイナスの言葉やイメージでそれを打ち消してしまうので、変化が少ないのです。

また、何かを得ようというテイクの気持ちが強すぎる人は、「〇〇してほしい、〇〇をかなえてほしい」と相手に依存することで、マイナスの波動を出してしまっています。

そのうえ「ほしい、ほしい」というイメージや言葉は、ほしいと思いながら手に入らない「ほしがっている状態の自分」を現実化してしまい、「手に入った」という状態を実現してはくれません。

そうではなく発想法から変えていけば、プラスの言葉やプラスのイメージの効果は絶大です。

プラス思考になる発想法のひとつに「足し算発想」があります。

例えば、輸入物の上等のブランデーがボトルの中に少しだけ残っているとしましょう。それを見て、あなただったらどう思いますか。

「もうこれだけ！　1日1杯飲むとしてあと5日分しかない！　あ〜あ」でしょうか？　マイナス思考の人は、ボトルにブランデーがなみなみとあった時と、今の「少し」の状態を比べて、「減ってしまった」と嘆くのです。比較すると引き算発想になり「これだけしかない、ない」という言葉を使ってしまうのです。

一方、プラス思考の人は、「まだこれだけある。あと5日は楽しめる。ワクワク」と考えます。空のボトルに1日分プラス、2日分プラス……と、5日分のブランデーを足していって、「ある、ある」と満足します。これが足し算発想です。

私は、ブランデーの量はどうせ変わらないのだからプラスに考えたほうが楽しいですよ、と気休めの精神論を言っているのではありません。

プラスの発想を習慣づけていくと、「あれがない、これがない」という飢餓感や「あれがほしい、これがほしい」という焦りがなくなり、「こんなにある。うれしい」という安心感、満足感で心が満たされていきます。

そして、プラスの言葉を発したり、プラスのイメージを描いたりすると、それらはプラスの波動を出しているので、波動の共鳴現象によって、どんどんよい出来事、よい仲間を引き寄せます。ですから、プラスの発想法を実践すれば、気の持ちようといったレベルではなく、どんどん現実に状況が好転していくのです。

引き算の発想に慣れてしまっている人は、まず「笑顔」と「ありがとう」を実践すると、足し算の発想が、確実に上手になっていきます。ぜひ、やってみてください。

いま、自分のなかにある幸せを味わうには？

プラス発想になると、とても運がよくなります。プラス発想になるには、いまの自分が持っているいいところに気づき、自分を肯定し好きになることが基本です。

自分が嫌いな人、自分に対して否定的な気持ちの人は、まず、自分のプラスの面を見て、自分をプラスの言葉で表現することからはじめましょう。そのために、巻末付録の「自分のいいところ100個見つけシート」を活用してみてください。

この用紙に、あなた自身のいいところや、自分を取り巻く環境のなかでめぐまれていると思うところを100個書いていきます。

「100個なんて無理、無理。そんなにあるわけない」というマイナスの言葉は禁句です。難しく考えず、どんな小さなことでも、浮かんできたいいところをどんどん書いていきましょう。「やさしい」「素直」「人の話をよく聞く」などはもちろん、「髪が長くて艶がある」とか「お菓子づくりが上手」「カラオケが得意」、また「母が元気だ」「賢い犬を飼っている」など、なんでもかまいません。

コツは「本当に?」と考えず、「ウソかな?」という確認をすることです。「やさしい」と書いて「本当に?」と自分に問うと、「や〜、時々子どもにキツイこと言うから、やさしくはないな」と消してしまいたくなるかもしれません。「ウソ?」「ウソじゃない。やさしい所もある」というわけです。10中9キツイ自分でも、1のやさしいところを言葉にするワークです。言葉どおりの自分になるからです。もう一つのコツは、その長所がある自分と、ない自分をイメージしてみて、やはり「この長所がない自分はイヤだ」と思ったら必ず書きましょう。あってもなくても、幸せ度が変わらなければ、書かないでください。

すぐに100個浮かばない人は1週間かけても2週間かけてもいいのです。必ず100個、記入しましょう。たとえなかなか浮かばなくても、自分のいいところを見つけようと努力している間はずっとプラスの方向で自分を見ようとしているので、プラス発想への転換が起こります。

自分を表す言葉がマイナスのままでは、自信も持てず、自分を好きになることもできません。いままで自分のマイナス面ばかり数え上げていた人、自分のことが嫌いで自己卑下、自己否定して自分をいじめていた人も、100個もいいところがある自分を簡単に否定したり嫌ったりはできないはずです。

しかし、あなたはこのワークに真剣にトライしようという気が起こらないかもしれません。それは「悪いところより、いいところを見るようにしたほうが、気が楽よね」という理解をされるからだと思います。

しかし、何度も書いたように、言葉が現実をつくるのです。まず自分をプラスで表現できないことには、幸せはやってきません。自分の幸せを生み出すもとになるものは、すべてこのシートの上に記されているはずです。「いい友人がほしい」と思っている人が、それを実現するのに使える自分のいいところは、例えば「人を裏切らない」「人の話を聞くのが好き」「笑顔がいい」「やさしいところがある」「お菓子をつくるのがうまい」「人にものをあげるのが好き」「ジョークが好き」「旅行計画が得意」……。どうですか？「自分でつくったお菓子をプレゼントし、話をよく聞いてあげ、やさしくできて、旅行に誘う」……そうすると、間違いなく友達ができますよね。

このように、どんな人生を望んだとしても、その原点、そのための必要条件は、このシートのなかにあるはずです。その数は、多ければ多いほど、自分の人生経営に有利なのではありませんか？　だからこのワークができない人が、幸せになれるということはありえないのです。

もちろん幸せな人が全員、シートに100個書いているというわけではありませんが、頭の中のシートにはたくさんの自分のよいところ、恵まれ感謝できるところをメモしているはずです。それを改めてシートに書けば、同時に、目からも入ってくることで、自分を表わすプラスの言葉が繰り返されるので潜在意識に定着し、さらに自分がすてきに輝いていきます。

本気でやりさえすれば必ず、紙1枚、鉛筆1本で、幸せづくりはできるのです。これは真実です。実践する人が、人生を変えるのです。

身近な人のいいところに気づく方法

自分のいいところが100個見つけられたら、次に、家族、友人、職場の人といった身近な人のいいところを100個ずつ見つけていきましょう。

結婚していらっしゃる方は、まずはパートナーのいいところを100個記入します。結婚していない方は、両親のどちらか好きな方から始め、必ず苦手な方も書きましょう。次に家族、友人……というように広げていくといいでしょう。

パートナーとうまくいっていない時、あるいは親や友人との関係がこじれている人にとっては100個書き出すのは難問だと思います。ですが、たとえ時間がかかってもオーケーです。必ず100個見つけましょう。人生を変えて幸せな人生のスタートを切るのに、これくらいの努力はしてもいいと思いませんか?

相手のプラスのところを見つけようとし続けることで、相手に対する見方が変わってきます。いままで欠点にしか見えなかったことが、実は相手の長所であると気づくかもしれません。まわりを見るあなたの視点が変われば、状況は必ず変わるのです。自分の視点が変わらないと、あなたを取り巻く状況は永久に変わりません。

プラスの言葉で、人間関係がどんどん変わりだす

さて、自分のいいところが見つかったら、そのひとつひとつを心の中で言ってから、「ありがとうございます」の言葉を唱えます。声に出さず、繰り返し唱えます。

あるがままの自分を愛し、感謝できた時、人は心から安心でき、自信に満ちてきます。ありのままの自分に自信が持てるようになることが、幸せへの第一歩です。

また、パートナーなど身近な人に対しても、良いところを100個見つけたあと、一つ一つに心の中で「ありがとうございます」を唱えます。例えば、「○○さん、ありがとうございます。とても大らか、ありがとうございます」と繰り返し唱えま

す。

相手への感謝の気持ちが深まると同時に、相手にあなたの感謝のプラス波動が伝わります。その人との関係がもともとうまくいっている場合は、よりよい関係が築けるでしょう。また、関係がこじれている相手の場合も、状況が好転していきます。是非やってみてください。中学生の愛ちゃんは、三人の友達にいじわるされたり無視され、とてもつらくなりました。そんな時、笑顔セラピストのお母さんのアドバイスで、三人のいい所を１００ずつ見つけて「ありがとう」を送ると、急に三人がやさしくなり仲良くしてくれました。それでクラス全員のいい所を30ずつ書いたところ、みんなととっても仲良くなれ、いままであまり話さなかった人も、話しかけてきてくれるようになったのです。

自己暗示用語をつくろう

具体的に解決したい問題や、こうなりたいという目標がある時は、自己暗示用語をつくって繰り返し唱えることがオススメです。序章でもお伝えしたように、私はこの自己暗示用語によって、人生を切り開き、私の天命と言える「笑顔セラピー」を始めることができました。

自己暗示用語をつくる時は映像としてイメージしやすい言葉を選ぶと、潜在意識に届きやすく、効果的です。例えば、あなたが資格試験に合格したいと思っているとしたら、「試験に合格しますように」ではなく、「試験に合格。ヤッター！　ありがとうございます」などはいかがでしょう。

前にも書きましたが、「……しますように」というのは、そうなるように願っている状態を現実化してしまうので、すでに実現している状態を暗示言葉にすることが大切です。「ヤッター！」という言葉も、合格してイキイキしている自分を映像でイメージしやすいので、とても効果的です。

ただし、合格への不安があまりにも強いと、逆効果になる場合があります。

執着が強すぎて、「合格」という言葉を唱えるたびに、「不合格になったらどうしよう」という恐怖心が芽生えるようなケースでは、無意識にマイナスの思いを心の手でつかんでしまうことがあるからです。

執着や不安感が大きいと感じる場合は、「試験に合格」という言葉を一切使わず、

「イキイキ、ニコニコ仕事が充実しています。ありがとうございます」「イキイキ、ニコニコ学生生活を楽しんでいます」などといった言葉にします。

合格そのものよりも、合格したあとどんな自分でいるか、またあなたがその資格によって何をしたいか、それを社会にどう役立てたいかに意識を向けていくのです。

しかし、すべての幸せは「ありがとうございます」の中に入っていますので、「ありがとうございます」だけの方が大きな幸せ、本当に自分らしい生き方へと導かれます。「ありがとう」はあなたを天命へと導く言霊です。

言霊パワーの引き出し方

また、お金に関する暗示用語をつくる時にも注意が必要です。

例えば、「借金がなくなりました」という暗示用語は、「借金」というマイナスの言葉を含んでいるので、暗示用語には向きません。

「お金がたくさん入ってきました」という言葉はどうでしょうか。

これは一見プラスの言葉のように見えますが、「お金」は競争社会のツールであり、競争、焦り、不安感などのマイナスのエネルギーを帯びていることが多いので、あまりいいとは言えません。

「富でいっぱいです。ありがとうございます」、または「私は豊かです。ありがとうございます」などという言葉を唱えましょう。

「富」「豊か」というのは単にお金だけのことを表しているのではなく、いい人たちやいい出来事に恵まれ、充実した生活を送っている状態のことです。この暗示用語は、お金への強い執着をもたず、お金のためにきゅうきゅうとした人生を送る生き方から離れる方向に導きます。しかし、必要なお金は必ず入ってきますし、不要なお金を寄せ付けないので、お金の持つマイナスエネルギーに振り回されることなく、心穏やかに暮らすことができるようになるのです。

また、あなたがアトピーを治したいと思ったら、「アトピーが治りました。ありがとうございます」ではなく、「イキイキ健康で暮らしています。ありがとうございます」とか、最高の健康状態を実現する「無限健康ありがとうございます」といった暗示用語を唱えてください。前にも書きましたが、「アトピー」という病名を繰り返すことは、「私はアトピーで苦しんできた。長年患ったアトピーがそう簡単に治るわけはない」などと、その病気を心の手でしっかりつかんで放せていないことが多いので、暗示用語には向きません。

また、あなたがお姑さんとのこじれた仲をなんとか改善したいと思っているなら、「お義母さんと仲良くニコニコ。ありがとうございます」等と唱えます。現実とあまりにも隔たりがあり、「あんな意地悪なお義母さんとニコニコできるわけがない。ああ、お義母さんの顔を思い浮かべるだけでもムカムカするわ」と感じる場合は、例えば「お義母さんの良いところがひとつ、またひとつと見つかって、仲良くなっていきます。ありがとうございます」というように、状況がよくなりつつある現在進行形の言葉を選びます。

言語化がなぜ大切かというと、前述したように、ひとつひとつの言葉は言霊を宿しているからです。

自己暗示用語に感謝法の「ありがとう」を合わせると、言霊パワーを最大限に引き出すことができるのです。

潜在意識が現実を変えていく

私たちはこうありたいと願っていても、なかなか物事を決断したり、実行したりすることができないものですが、言葉にして繰り返し唱えていると潜在意識にしっかりとインプットされます。

そして心の中でいつのまにか「決まっている」のです。「決める」というのは心の手でしっかりとそのことをつかむことです。心の手でつかんだことは必ず現実化されます。

笑顔セラピーでは、言葉が潜在意識に働きかけて現実に影響を与えることを、いろいろな実験によって体験していただいています。その中から、読者の皆さんがすぐ試せる簡単なものをご紹介しておきましょう。

まず、「バカヤロウ」というマイナスの言葉を唱えながら、前屈してみてください。次に、「ありがとうございます」というプラスの言葉を唱えながら前屈します。いかがですか。プラスの言葉を唱えながら前屈するほうがずっとスムーズに体が曲がったのではないでしょうか。「バカヤロウ」の時は床に手が届かなかった人も、「ありがとうございます」だと届くのではないでしょうか。

このように言霊パワーが、現実を変えるのです。言葉は潜在意識にストレートに働きかけて現実を動かしていくのです。

また笑顔セラピーでは、数人の人に前に出てもらい、狭い教室の中で、「バカヤロウ」と心で言いながら、早足で自由に歩き回ってもらう実験もしています。すると、前から来た人とうまくすれ違うことができず肩がぶつかったり、道をうまく譲れずに立ち往生したり、ということが起こります。前から来た人の顔が怖く思えて、目が合わせられない、という感想も聞かれました。その次に「ありがとう」と心で言いながら早足で歩いてもらいます。すると笑顔で道を譲ったり、うまくすれ違えたりと、ずいぶん歩きやすくなることを実感していただけました。

東京の教室の生徒さん数人に、この実験を混雑したJR新宿駅の乗り換え通路でもやってもらったこともあります。

すると、「バカヤロウ」の時には、バッグがぶつかったり、人の流れにのれなかったりでイライラし、歩くのがたいへんだったそうです。「邪魔だ‼」と怒鳴られた人もいたようです。

ところが、「ありがとう」に切り替えると、あの人でごった返した新宿駅をスムーズに歩けたということです。

これは朝の通勤のラッシュ時にも応用できる方法です。ぜひ、「ありがとう」と心で唱えながら歩いてみてください。人ごみの中をいままでより気持ちよく、スムーズに歩けることを実感していただけると思います。

人の心は、約3パーセントの裏面意識（顕在意識）と約97パーセントの無意識（潜在意識）でできていると言われています。言葉は、自分の心のほとんどを占める潜在意識に、働きかけることができるのです。

言葉にして繰り返し唱え、潜在意識に働きかければ、自分でも気づかなかった潜在的な能力が発揮され、言葉通りに、現実がどんどん置き変わっていきます。

不安のなかに幸運へのチャンスが隠れている

私たち現代人は、様々な不安を抱えています。

笑顔セラピーでは、不安を感じた時、また、つらい出来事が起きてしまった時、プラス思考のひとつである「陽転発想」をオススメしています。

陽転発想とは、いま、自分が遭遇しているピンチをチャンスと受け止め、そのマイナスの出来事から学び、プラスの方向に大きく人生を転換していこうという発想です。

人生成功の秘訣は、すべからくこの陽転発想ができるかどうかにつきるのです。

苦しみを感じている間はつらいのですが、その苦しみをどう受け止めるかで、人生の進む方向が大きく変わります。ここで苦しみや不安に目をつぶって逃げ出してしまうと、幸せにはなれないのです。

ピンチというのは自分が間違った方向に進もうとしていることに気づかせてくれたり、自分の問題点を教えてくれて自分を成長させてくれるものなのです。不安やピンチに背を向けずに、正面から向き合えば、それはもう跳び越えるべきハードルであり、自分を成長させてくれる〝課題〟となります。

ただ現実には、「人生が180度変わるから陽転発想をしましょう」とすすめても、やはり不安な時、もがき苦しんでいる最中には、「あ、これは生き方を変えるチャンスだ」とか「自分を成長させる試練だ」と考えて、発想を転換させるのは難しいものですね。プラスに受けとめればいいと頭ではわかっていても、なかなかできないものです。

そういう時の必須アイテムが、笑顔セラピー流「陽転発想」の自己暗示用語です。「これでよかった。私はこの事態から学び、気づき、成長します。だからこの事態は、私にとって必要最善です。その意味は近々わかります。ありがとうございます。(最後にありがとうございますを繰り返す)」

この言葉を短くした次の暗示用語を、夜、寝る時に、ふとんの中で3~5回唱えてください。

「これでよかった。ここから成長。ここから気づく。ありがとうございます」、または「これでよかった。ここから成長。ここから良くなる。ありがとうございます」という言葉です。

心からそう思っていなくてもいいのです。形からでいいのです。これまで何度も言ってきたように、「言葉は心を変える」のです。夜寝る前というのは潜在意識に言葉が届きやすい状態なので、特にオススメします。

苦しく不安な時期は、この自己暗示用語を思い出し、ぜひ毎日繰り返し唱えてください。

その時にはわからなくても、あとで振り返ってみると、「あの時は苦しかったけど、あの出来事があったから、いまの自分があるんだ。あの出来事は私の成長と幸せのために必要なことだった。あれでよかったんだ」と思える時が必ず来ます。

実際、私のまわりにも、大病をしたことで家族の大切さに気づき、家族とのかかわり方、仕事の仕方や生き方を根本から考え直して幸せな人生を送っている方、震災などのつらい出来事を経て感謝の気持ちを深め、人間関係がとてもよくなり幸せになった方など、マイナスの出来事をきっかけに、人生をプラスの方向に転換していかれた方が、たくさんいらっしゃいます。

人生、いつでも順風満帆という人はいません。また、そういう人生であったら単調で幸せ感はなくなりますし、人間的な成長もありません。

でも、病気やけがが、人間関係のトラブル、お金のトラブル、リストラなど、人生の中でマイナスの出来事が起こると、だれもが「なんでこんな目に遭うの……」と不安になり、苦しみ、悩みます。

しかしまた、その不安から逃げずに乗り越えた時、人は、幸せの大きさがグーンとバージョンアップしていることに気づくのです。大きなマイナスを経験した人ほど、プラスになった時のパワーは大きくなるのです。

人生に無駄なことは何一つありません。そして、受け止められない苦労は決してやってきません。これはきれいごとでも、体《てい》のいい励ましでもなく、真実なのです。

ツキを呼ぶ「ありがとう呼吸法」

さて、あなたのまわりを見回してみましょう。何をやってもうまくいく人がいます。かと思うと、頑張っているのに報われない人もいますね。

この差はどこからくるのでしょうか。そう、頑張っても成果が上がらないのは不安サイクルに入り込んでいて、空回りしているケースがほとんどです。

そういう時には脳波がベータ波になっていて、どんなに頑張っても努力してもうまくいかないのです。努力家が必ずしも幸せになっていないのは、そういうわけなのです。

脳波がアルファ波の時には、リラックスして能率アップ、免疫力がついて健康アップ、イライラがなくなり人間関係アップというように、安心サイクルの中にいて、ツキがどんどんめぐってきます。

アルファ波というのは、神様のバックアップがつく脳波だと言っても、過言ではありません。不思議なほど、アイデアが出たり、気づきがあったり、すごいパワーや能力が発揮できます。

このアルファ波の状態を自分の意思でつくる方法のひとつに、呼吸法があります。呼吸法によって脳波がアルファ波になると、潜在能力がどんどん発揮されるのです。

人間は、本来持っている能力の3パーセントも使っていないそうですが、その数字が5パーセント、10パーセントと増やせたらすばらしいと思いませんか。自分の中に潜在的に眠っている能力を引き出す、その方法のひとつが呼吸法なのです。

うれしい時、楽しい時、幸せでいっぱいの時、あなたがどんな呼吸をしているかを思い出してみましょう。

ゆったりと温泉につかっている時は思わず「気持ちいい〜」と語尾を伸ばしつつ息を大きく吐いていますし、おいしいものを食べると「おいしいねェ〜」といいながらやはり語尾をグーンと伸ばしています。「やった～」と喜ぶ時もそうですね。

語尾が伸びている時は息を長く吐いている時です。

礼儀的にお礼を言う時は「ありがと」って感じですが、心から感激して感謝でいっぱいの時には、「ありがとう～ございますぅ～！」と息を長く吐いて言っているはずです。楽しくて心から笑う時は、「あッはッはッははー」と、必ず息を長く吐き続けています。

逆に悲しくて泣く時は、息を吸いながらしゃくりあげますね。この時、1回1回短い途切れ途切れの呼吸になっているはずです。怒っている時や、緊張してドキドキしている時も、一呼吸一呼吸が短く、速く、吸う息のほうが強くなっているものです。このように呼吸と心は密接につながっていますので、呼吸の状態を意識的に変える「呼吸法」によって、心の状態を自分でコントロールすることが可能なのです。

次ページでご紹介しているこの「呼吸法」に「感謝法」を合わせた「ありがとう呼吸法」をご参照ください。「ありがとうございます」の言葉と呼吸法の相乗作用で、すばらしい効果があります。そして、健康、仕事、人間関係など何事によらず一気にグーンと運気がアップします。

ありがとう呼吸法

1 おそばが2～3本通るくらいに小さく口をあけて、ゆっくりと少しずつ息を吐いていきます。できるだけ細く長く吐きましょう。
息が細い川の流れのように流れていく、その川の流れの中に「ありがとう、ありがとう、ありがとうございます」というフレーズをのせて流していくようにイメージして、心の中で唱えしっかり息を吐ききります。

2 口から息を吐ききったら鼻から息を吸い、お腹に息が流れ入っていくイメージでお腹をふくらませたあと、2～3秒息を止めます。その後また、ゆっくり少しずつ息を吐いてゆきます。*1*→*2*を3分以上繰り返します。

体験談

家庭内別居の夫と仲直りでき、家族に笑顔が戻った（安岡恵子さん　45歳）

私は結婚前は接客の仕事をやっていたこともあり、社交的な性格で、外ではニコニコできるのですが、あることをきっかけに、9年前から、家庭の中では笑えなくなっていました。家の中で笑顔になろう思うと、顔が引きつってしまうのです。

当然、家庭も暗い雰囲気になり、こんなことではいけないと思っていたところ、笑顔セラピーの存在を知りました。いい笑顔を取り戻せるようにと、私は、さっそく教室に通うことにしました。

通い始めると、いろいろな発見があって楽しく、どんどんはまっていきました。自宅でも毎日、笑顔体操をしたり「ありがとう」を唱えるのが習慣になり、このふたつが私の生活に欠かせないものになっていきました。

ただ、笑顔セラピーで出された課題の中で、ひとつだけ、どうしてもやる気の起きないものがあったのです。「身近な人のいいところを100個見つけよう」という課題です。

「結婚している人は夫や妻のいいところを100個書いてください」と野坂先生に言われたのですが、私の夫のいいところなど思い当たりません。しかも100個も……。

実は、私が家の中で笑顔が出ない、その原因が夫なのです。

発端は9年前に夫が浮気をし、その事実を私が知り、大げんかになったことです。あとでわかったのですが、夫はその女性に貢ぐために、多額の借金をしていました。

妻である私に浮気がばれたので、夫はその女性とは別れたようですが、だからといって私は夫を許す気にはなれませんでした。子どもたちや家のローンのために、私が一生懸命お金を切り詰めている時に、女性と遊ぶために借金までしていたのですから、私の怒りはおさまらなかったのです。

当時、子どもたちがまだ幼かったので離婚にも踏み切れず、かといって夫を許す気にもなれず、９年間、家庭内離婚のような状態で暮らしてきました。

子どもたちの手前、夫とは必要最低限の話はしますが、一家の団欒なども、もうずっとない状態でした。

夫はふだんから帰宅時間が遅く、休日もゴルフや友人とのつきあいで家を空けていましたし、私も夫の顔を見るとイライラするので、夫の帰りを待たずに夕食をとり、夫となるべく顔を合わせないようにしていました。

廊下で夫とすれ違うのさえ嫌で、私は思わず夫から顔をそむけ、夫の顔が視界に入らないようにしていたくらいです。

息子のほうはそうでもないのですが、娘は、私の夫への気持ちを敏感に感じ取っているのか、成長するにつれて、夫によそよそしい態度をとるようになっていきました。

家庭がこんな状態なので、夫のいいところなど考える気にもならず、笑顔セラピーの課題には手をつけないでいました。

しばらくたった時です。教室が終わっ

てから野坂先生に呼び止められ、こう言われました。『「いいところ100個見つけ」の課題してないの？」と。

いつも笑顔の優しい野坂先生に厳しく言い渡され、仕方なく私は思い腰を上げて、課題に取り組みました。そして、なんとか15個までは夫のいいところを探したのですが、その先が書けません。

追い詰められた私は、夫のイメージに向かって「ありがとう」を毎日千回唱えることにしました。1週間くらい唱え続けて、明日は笑顔セラピーがあるからどうしても課題を持っていかなければという日の夜、テーブルの上にシートを広げて書き始めました。

すると、空白だった残りの85個の長所が、あっという間に埋まってしまったのです。自分でも驚いて、時計を見たら、15分しかたっていませんでした。

書いたシートを読み返してみると、「お年寄りに優しい」とか「正義感が強い」「手先が器用」「子どもを大切にする」「プラス思考だ」「特殊技能を持っている」など、「こんなすてきな男性、どこにいるの？」っていうくらい、すてきなところがたくさんあるのです。

提出しなきゃいけないから出まかせを書いたわけじゃなくて、確かにひとつひとつの長所は本当のことなのです。

長い間、うちの中に害鳥のカラスがいると思っていたけれど、本当は幸せの青い鳥だったのかもしれないと、私は気がつきました。

浮気や借金のこと、外で遊び歩いていることなど、夫の短所に苦しめられてきたのも事実ですが、こんなにいいところがいっぱいあるのに、私は夫のいいところは全く見ないで、9年間過ごしてしまったのです。

それに気がついて数日たった朝、私が子どもたちを送り出したあとのことです。会社に行く夫が、玄関のほうを向いたまま、廊下にいる私に向かって、バトンを受け取るランナーのように、手を差し出したのです。

「私と握手したいのかしら」と思い、夫の手に私の手を重ねると、夫は、私の手をギュッと握ってから出掛けていきました。

実は、新婚のころは毎朝、玄関で握手をして夫を送り出す習慣があったのです。子どもたちを学校に送り出す時には、いまも玄関で握手して送っているのですが、夫とはとっくにその習慣はやめていたのでした。

それからは毎朝、握手して夫を送り出す習慣が復活しました。そして、家の中で、夫と私や子どもたちとの会話が増えてきました。夫も、ギクシャクしながらも、一生懸命家族と会話しようとしてくれているのが感じられます。

また、休みの日にゴルフやいろいろなつきあいで家にいなかった夫が、つきあいを少し控えるようになり、たまには家で過ごすようになってきました。

家族旅行も、夫を誘わないで私と子どもたちだけで行っていたのが、夫もいっしょに旅行に行くことが決まりました。

私の影響で夫を嫌っていた娘も、ある日、「私、お父さんのこと、どっちかというと好きかも」と、私に言ってくれました。

家庭がうまくいっている人にはあたりまえのことかもしれませんが、私の家庭にとってはもう、これらのことは、奇跡といっていいくらいすごいことなのです。

まだ、私の夫に対するわだかまりが完全に消えたわけではありませんが、家族みんなで普通に会話ができ、笑いあえる日が来るとは思っていなかったので、いま、私たち家族は、とても幸せだと感じています。

4章

内なる声に耳を澄ませば、“本当の自分の役割”が見つかる

天命（天職）とは？

「笑顔」と「ありがとう」で安心サイクルに入って生きていると、チャンスや出会いに恵まれる、幸せになれる、ということは前にも書きましたが、その最終的な到着点はどこでしょうか。どうなったら、「私は幸せ」と実感して生きることができるのでしょうか。

実は、人にはそれぞれ生まれながらに、天から与えられた使命があるのです。そこから外れた生き方をしていると、他人から見てどんなに華やかな暮らしをしていても、心が安定せず、寂しく不満だらけで、幸せを実感できないのです。

つまり、人は「天から与えられた使命」つまり「天命」を見つけ、天命に生きる時にこそ、本物の幸せを感じることができるのです。

「天命」という言葉を使うと遠くに感じられるかもしれませんが、実はとってもカンタンなこと。天命とは、あなたならではの役割のことであり、「天職」のことです。大好きなこと、やらずにはいられないことをやって、それがまわりの人の役に立ち喜ばれるなら、それが天命・天職なのです。

ここで言う天命・天職とは、お金が得られる「職業」とはかぎりません。家事や子育て、ボランティア活動といった場合もあります。

天命を生きている状態とは、生まれ落ちた時から授かっているあなたならではの個性や能力を生かして、社会のために貢献し、働いているあなた自身も楽しく充実、そして成長でき、運にも恵まれるという状態のことです。

天命・天職に生きていると、毎日が楽しく充実していて、その仕事に全身全霊で取り組めます。自分をだましだましお金や生活のためにやるのではなく、本心からやりたいと思える仕事が天命・天職で、そういう仕事や役割を果たしている人こそ幸せな人なのです。

自分を犠牲にし、本心を押し殺して会社や社会に奉仕しているような状態も、天命・天職とは言えません。

楽しむことを後ろめたく思う人がいますが、自分が楽しいと思うことを一生懸命やっていくと、いつの間にか世の中の役に立っている。やっていることが楽しく、気がついたら社会で何らかの役割を果たしている、というのが天命・天職なのです。

だれにでも生まれてきた理由が必ずある

「天命に生きる」と言うと大げさに聞こえますが、実は、人は生まれた時からすでに天命・天職につながる資質を授かっているものです。ところが成長の過程で、「あれはダメ、これはダメ」と否定され続けたり、自分で「これは無理」と自己限定したり、「私なんか……」と自己卑下したりしているうちに、大切な本来の自分の天命を見失っていくのです。

そして、お金やプライドの為に働いていると、天命から大きくはずれ、疲れ、ストレスが溜まります。

また、いまの教育は、知識教育にかたより、テストの点数を取ることが最大の目的になっています。そんななかで、子どもたちは比較され、優劣をつけられるのですから、自分らしさを発揮するチャンスは、ほとんど奪われてしまっています。そして、本来の自分、天命からどんどん遠ざかっていくのです。

セラピーの受講者で、37歳の徳子さんは「小学1年生の子どもが極端に集中力が欠けているので、教育相談を受けるようにと担任の先生に言われたんです」と落ち込んでいらっしゃいました。私は「息子さんはそんなに集中できないの？　お母さんから見て彼が何かに夢中になることってない？」と伺いました。

すると、しばらく考えこんでいた徳子さんは、「あ、あります。うちの子は、虫が好きで、イモムシやら何やらつかまえてきては、エサをやって飼っているんです。私は虫が嫌いなんで怒るんですけど、聞きません。虫の世話を始めると『ご飯よ』と呼んでも、『う～ん』というばかりで、食べに来ませんで、もう虫ばっかり見てて。宿題もしないし。だから勉強しないなら、虫を捨ててきなさいって言うんですけど」とおっしゃられるのです。

これはすばらしい集中力ですね。

虫を観察しはじめるともう何時間でもジッと見つめて世話している……。学校で授業中、キョロキョロしたり、立ち上がって歩き回ったり、朝礼の時に列を乱すらしいのですが、それは先生の話が面白くないからなのです。自分の楽しいことになら、集中できるのです。

『ファーブル昆虫記』のファーブルも、少年時代、虫ばかり見て学校に遅刻したりしていたとか。これが大切な天命への道なのです。

そんなすばらしい彼を異常児扱いし、天命の芽を折り、彼の人生をすっかり台無しにしていくいまの教育のあり方に、私は怒りを覚えました。

彼は身体の内から湧き上がる自分の興味、やる気を発揮してはならず、やりたくない勉強を強制されるのですから、「人生は、自分らしくあってはダメ、親を悲しませ、社会から外れ、人にバカにされるんだ」と思い込んで、成長していくのです。そして大人になってから、自分探し、天命探しをしても、もう二度と本当の自分が出てこないよう、心の奥にカギをかけてしまいこんであるわけです。

そう言うと、「好きなことだけして生きていけるのですか？」という質問が聞こえてきそうです。

必ず生きていけます。好きなことを追いかけ、目標にしていると、その目標を実現するために少々苦手なことが出てきたとしても、それをやりぬくのに必要な力が、必要な時に生まれてくるものなのです。ここでいう「好きな事」はただ快楽を求める「好きなこと」ではなく魂が喜びふるえるような「好きなこと」です。もし生きていけないなら、どこか生き方に間違いがあるのです。マイナスの言葉を使っている、自分や人を否定する、ギブがなくテイクばかりで生きているなどです。

見失った天命を取り戻すには？

では、見失ってしまった天命を取り戻すにはどうしたらいいのでしょうか。

まず、「自分は自分のままでいい」ということに気づき、自己肯定することです。「自分らしさ」とは何かを知り、自分の個性を愛し大切にすることから、天命への道は開けます。

天命とは、自分の個性や能力を生かした「自分らしい役割」のことだからです。

その人が持って生まれた天命は、親でも変えられないものです。

例えば、「いい会社に就職してエリートと結婚して、寿退社して子育てに専念するのが女の幸せよ」という価値観で育てられて、そのとおりに実行した女性がいたとします。その人の天命が「子育て」にあれば問題ありませんが、そうでなければ、キャリアを中断したことを悔やんだり、子どもに過剰な期待をかけすぎたりする心残り症候群となり、心のどこかにむなしさや怒りといった形で、マイナスのエネルギーがうっ積します。すると、幸せな家庭生活を営めなくなるでしょう。

反対に「せっかくキャリアがあるのに、専業主婦なんてもったいない」と周囲に押されて、職業と家庭を両立している女性がいるとします。その人の天命がいま就いている仕事にある場合は幸せでしょうが、その人の天命が「子育て」にある場合は、子どもと過ごす時間が少ないことを悔やんだり、仕事上のストレスをたくさんかかえ込んだり、家事、育児が行き届かないことで悩んだりして、体調を崩してしまうかもしれません。

どちらの女性も不幸です。自分の価値観と幸福感は、人に決めてもらうものではないからです。その人らしい働き方、生き方があるはずです。

喜びを持って仕事をしていれば、どんなに働いても嫌な疲れは残りません。もしあなたが現在の生活の中で、やたらと癒しを求めているとしたら、いまのあなたはまだ天命にたどり着いていないのかもしれません。

天命を生きるのに遅すぎるということはない

笑顔セラピーの生徒さんや、お便りをくださる読者の皆さんの中には、特に何かに不自由な生活をしているわけでもないのに、どこか物足りない、何か不安、という人がいらっしゃいます。

そういう人は言ってみれば、自分の夢や目標、自分らしい人生像を壺の中に押し込めてふたをして、ガムテープでぐるぐる巻きにして、押入れのいちばん奥の、目に入らない所にしまい込んでいるような生き方なのです。

もっとひどい人になると、押入れどころか、部屋の壁の向こうにコンクリートづめにして、しっかりと埋めこんで、取り出せないようにしてしまっています。でも、本当の自分はコンクリートの中で、永遠に生きています。その壺を押入れから取り出してふたを開けたり、壁を割って取り出すお手伝いをするのが笑顔セラピーです。

読者の皆さんにやっていただきたいのは、いままでお話しした、「笑顔」と「ありがとう」と「プラスの言葉」の3点です。3ついっぺんにやるのはたいへん、と思われるかもしれません。笑顔が出ない時には「ありがとう」を唱えると自然と笑顔になっていきますし、笑顔でいるとプラス思考になってプラスの言葉や「ありがとう」が増えてきますから、この3つは別々のものではなく、根っこでつながっているのです。

前々項で、人は生まれた時から天命・天職につながる資質を授かっていると書きましたが、子ども時代に夢中になることが、その芽生えであることが多いものです。ところが、子ども時代に夢中になることというのは、「そんなことしている暇があったら、もっと勉強しなさい」というように、親に否定されたり、勉強を優先させてしまいます。

「計算を速くやる」とか「地図に興味を持って地名を覚える」「楽器で演奏するのが好き」といった、社会の枠組みの中にあって社会が評価してくれることに夢中になった場合は認めてもらえますが、一般にあまり評価されないことに夢中になった場合は、「くだらないことばかりしている」ということになるのです。例えば、先に書いた徳子さんの例（180ページ参照）のように、子どもがイモムシなどを飼うのに夢中になっていたり、中村浩博士のように幼少期から大人になってもずっとウンコにあくなき興味があったりすると、変な子、ダメな子、変わり者になってしまいます。しかし、中村博士は世間の目をふりはらってウンコの研究し続けた結果、糞の中のクロレラという微生物の再利用というすばらしい研究成果を上げ、宇宙食や食糧危機の問題に関しての人類の進化に寄与されたのです。

子どもの頃には、好きなことや、どうしても気になること、夢中になれること、また、叶えたい夢や目標があったはずなのに、多くの人は、それを壺にしまいこみ、いつの間にか親の意向に沿って、あるいは社会が押しつけてきた枠組みの中で生きるようになります。つまり多くの人は、やりたいことより、食べていくために、人に認められるためにといった、経済的なこと、社会的に優位なことを優先してしまうのです。

そうなると、大人になってみて、いまの生活がどこか物足りない、何か不安と感じてしまのです。この不安は、本来の自分らしい、自分の人生を生きていないという、本能からの警告なのです。そしてこの不安も、慣れっこになり、意識しなくなります。こうなったら人生に喜びや達成感はなく、求める生き方になり、運気は最悪です。

でも、心配いりません。だれでも生まれる時にちゃんと天命を与えられていますから。もしあなたがいま、天命から離れた生き方をしていたとしても、軌道修正することはいつでも可能です。

遅すぎるということは、一切ありませんから安心してください。遠回りにみえて、実はすべて天命を生きるために必要な学びなのです。

天命に行きついた時には、必ずその遠回りのプロセスで学んだこと、時には逆境の中で培った自分の力が役に立つのです。つまり天命からはずれた生き方に見えて、やっぱりそれも天命の中なのです。

社会的評価や親の期待、経済等、押し付けられた価値観をリセットし、本当の自分を生きはじめたその瞬間、コンクリートや壺の中の自分はイキイキ輝き、あなたの個性が花開き、豊かに実をつくります。

いままで押しつけられた外からの価値観をリセットしさえすればいいのです。

多くの人は、なかなかリセットできませんが、大病をした時や、大きな挫折の時に、つかんだものを手放し、リセットがかかることが多いようです。私にとってはそれが離婚という出来事でした。

天命が見つかるワーク「夢の棚卸し」

笑顔セラピーでは、「夢工房」という、天命を見つけるワークショップをやっていました。そこでやるワークのひとつに「夢の棚卸し」があります。天命を見つけるヒントとして行なうワークなのですが、ぜひ、読者のみなさんも試してみるといいと思います。

ノートに、子ども時代の夢から現在の夢まで、自分のやりたいこと、なりたい自分、ほしいもの、行ってみたい所を、100個以上書くのです。

リラックスした状態で、ゆったりとした音楽でもかけながら始めます。できれば、紙とペンを持って行って大自然の中でやると最高です。天命を生きるとは大自然の調和の中で生きることだからです。

実現不可能に思えることも、不道徳的なことも、儲からないことも、だれかが反対しそうなことも、とにかく思いついたことは全部書きましょう。「沖縄に行く」でも「オーストラリアに住む」でも、「毎日、早朝、自然の中で散歩する」「宇宙旅でもなんでもいいのです。

行をする」でも「総理大臣になる」「ウェッジウッドのマイカップでコーヒーを飲む」

ときどき、「夢や目標は本来ひとつのはずなのに、どうして100個以上も書くのですか」という質問を受けることがありますが、たったひとつの天命を見つけるために、100個以上書くプロセスが大切です。なぜなら、表面意識から出てくる「○○の資格を取る」「○○の店を持つ」といった目標は、社会の枠組みに沿った目標なので安心して書けるのですが、もしかしたらその目標の奥にかくれて、いまあなたの目が向いていない別のところに、または、目の届かない押入れの奥の壺の中に、あなたの天命がかくれているのかもしれません。天命を見つけることにより、いまの自分のまわりの社会の枠組みから外れてしまったり、だれかの期待を裏切ったり、食べていけなくなったりするのが怖いので、ほとんどの人は天命を直視しようとせず、潜在意識の奥深くにしまいこんでいるのです。

しかし本当は、天命を生きていれば、食べていけないことも、人々から孤立することも、いっさいありません。この安心感を持って生きることが、本当に自分を信じているということです。

ひとつやふたつ書いたのではなかなか壺のフタはとれませんが、100個以上書くと決め、頭に浮かんだことを出しきると、潜在意識の奥から、あなたの本音が出てきます。また、自分はどんな方向に進みたいのかが見えてくるかもしれません。

全部出し切ってみると、あなたの人生のすべての可能性や本音がこのノートに表れてきます。

思いついたことはとにかく全部、言語化しましょう。書いているうちに、「ああ、そういえば子ども時代に行ってみたかったけどまだ行っていない所があるなあ」とか、「友達が乗馬を習っていると聞いてとてもうらやましかったなあ、これも書いておこう」というように、自分が書いたことに触発されて、心の奥にしまってあった思い残しや夢が次々といもづる式に表に出てきます。

繰り返しになりますが、天命を見つける時に気をつけてほしいことは、いまの社会的な枠組みの中で価値があるかどうか、ということは一切問題にせず、本心で自由に発想するということです。また、可能かどうかもまずは無視して書きます。

私の天命である笑顔セラピーも、始めた32年前にはこのような教室は存在していませんでした。

前例がないので、果たして笑顔をテーマにした教室に生徒さんが来てくださるのかどうか、全くの未知数でスタートしたのです。お手本になる既存のセミナーがないので、カリキュラムづくりや運営方法も試行錯誤の連続でした。というより、いまやっているようなスタンスやカリキュラム、テーマが目標としてあったのではなく、次々と目の前に現われるハードルを越えて越えて、何かに引っ張られるように越え続けてきたら、ここにたどり着き、現在の笑顔セラピーができあがったというのが本当です。そのハードルとは、ある時はぶつかった壁であり、ある時はこうなりたいという目標でした。その時その時をただ100パーセント以上の力を出し切って走りぬいた32年でした。

こういうと「ご苦労でしたね」とおっしゃる方がいらっしゃいますが、決して苦労ではなく、やはり楽しかった32年でした。充実の極みでした。未熟だったなと感じることも多いのですが、振り返ると、その時その時一生懸命だったのです。

ただ、確実に言えることは、はじめる前に、「こういう教室はいままでなかったから、生徒さんが来てくださるかどうかわからない。生活していけなくなるかも」とあきらめてどこかに就職していたら、天命に出会えなかった、ということです。

自分らしい役割を見つけるために

天命を考える時、社会の枠組みの中で考えてしまうと、社会的地位が高くて、たくさんのお金が手に入る仕事がいい、となりがちです。

あるいは、かっこよくて、みんなに認められ、みんながあこがれるような仕事でなくては、とつい考えてしまうかもしれません。

でも、あまりお金にはならず、華やかではないかもしれないけれど、自分が好きなことで、少しでもたった一人でもほかのだれかに恩恵をもたらす仕事なら、価値のある役割を果たしているわけで、その仕事をしてくれる人は社会に必要ですし、それがその人の天命かもしれません。

花にたとえると、バラやカサブランカは高級な花だから意味があるけれど、野の花は雑草だから意味がない、お金にならないというように人々は決めつけがちです。

花屋さんは雑草が花を咲かせているのを見て、「これでは売り物にならない」と言うかもしれませんが、野の花たちは、「私は雑草なのよ。商品価値がないの」としょんぼりしたりはしません。バラやカサブランカも、「私はバラなのよ」とか「カサブランカよ」といばったりすることはありません。

どの花にもその花なりの役割があって、それぞれが自分の花を咲かせることで、自然は一大調和しているのです。ひとつとしていらない花はないのです。

人間を花にたとえると、バラやカサブランカの天命を持った人が野の花のフリをしても苦しいし、野の花の天命を持った人が無理をしてバラやカサブランカのフリをしても、つらくなるばかりです。特にいまは、別の花の役割をもっているのに、社会的地位や金銭的価値を追求しようとするあまり、バラやカサブランカになろうとする人が多いのです。たとえバラやカサブランカになりすますことに成功したとしても、それでは本来の自分の役割＝天命を生きていることにならないので、本当の幸せを実感することはできず、大変なストレスを抱えてしまいます。

手づくりする楽しみが好きで好きで、手工芸品や民芸品をつくりたかった人が、医者や弁護士で地位を得たらどうでしょう。

一時的満足感はあっても、来る日も来る日も、医者や弁護士としての重責を背負い続けなければ、生きられなくなります。たまの休みに手工芸に取り組む時、やっと裸の自分に戻れ、目がキラキラしはじめ、作業に乗ってきたと思ったらもう夜。明日の仕事にそなえて、さあ寝なければと、手にしていた道具をしぶしぶ片づけるとしたら……。不安サイクルにはまり、しまいには病気になってしまうかもしれません。

なぜかというと、心の奥にいつも不安や不満があったり、いつも自分を抑え、自分ではない自分を生きていると、理由のない怒りやむなしさが出てくるからです。そしてそれらのストレスが自律神経のバランスをくずし、免疫力も下げていってしまうのです。

苦手なことのなかにヒントがある

天命を探す時にもうひとつポイントとなるのは、自分自身の欠点や悩み、苦手なことに着目することです。あなたを苦しめているあなたのマイナス要素の多くは、天命を裏返したものなので、そこに着目すれば、あなたの天命が見えてくることが多いのです。

私の話ばかりで恐縮ですが、私は子どものころからマイナス思考で、しかも、かなりのこだわり症でした。マイナスの方向に向かってどんどんこだわっていくので、10代、20代の時はノイローゼの症状を繰り返していたくらいです。

自分の心の奥の奥までのぞきこんではああでもない、こうでもないと、ぐちゃぐちゃ悩んだり、人の心の中を、あの人はこんな人でとか、この人はこう考えているに違いないとマイナス面をどんどん探っていくような、暗い性格でした。そういう性格ですから、もちろん笑顔も出てきません。

それが、離婚しセールスの仕事に就いたことで初めて、つくり笑顔でいいから笑顔をしてみよう、と実行しました。プラス発想にならないと生きていけないと感じて、しゃにむにプラスに向き直って生き始めました。そうしたら当初1セットも売れなかった私が、4ヵ月にはトップセールスを達成することができたわけです。

私が、もともと自然に笑顔があふれる明るい人間だったら、笑顔は空気のようにあたりまえすぎて、笑顔のありがたさや、笑顔の持つすごいパワーに気づくことはなかったでしょう。

また、私が元からプラス思考なら、笑おうと思っても笑顔になれない人、マイナスのことをついつい考えて暗くなっている人の気持ちはわかりません。「暗い顔してるから不幸になるのよ。もっと笑えばいいの」のひと言で片付けてしまっては、悩んでいる人のカウンセリングにはなりません。

つまり、「笑顔ができない」ことが私の欠点だったからこそ、私のライフワーク＝天命となる「笑顔セラピー」は成功できたのです。そして、心からの笑顔が花開いていくプロセスを生きてきて、いまもその中にいるのです。

だから私は、決して並外れて笑顔のいい人ではありません。ただし、必ず死ぬまでに「すばらしい笑顔の人になる」と決意しています。

心からすばらしい笑顔の持ち主を目指すプロセスが、私にとって本気で生きることだと信じています。また、そんな私だからこそ、笑顔の出ない人に心からエールを贈れるのです。笑顔セラピーは私の天命なのです。

話を元に戻しましょう。

とにかく私は、笑顔セラピーという天命を見つけて、私は自分の欠点を180度プラスの方向に生かすことができました。心の奥でノイローゼの原因となって私を悩ませていた内向性でこだわりすぎる性格が、プラスの方向を向いた途端に、心理カウンセラーという形で力を発揮するようになり、こだわり症で頑固一徹なところは、何でもあきらめずにやりぬく、という自分に変わりました。

どんな人にもいくつかは欠点がありますが、自分の欠点の中で、これはまあしょうがないかと思える欠点と、どうしても気になる欠点がありますね。その気になる欠点こそ、その人が天から与えられた課題であり、大きなプラスに転換できるものかもしれないのです。

例えば、子どものころから「落ち着きがない」と言われていた人は、それを裏返しにとって「落ち着きがないというのは行動力があるということ」と考え、「グズね」と言われて育った人は「じっくりとていねいに取り組むねばり強さがある」と考えて、欠点と思っていた部分をプラスにとらえ直してみましょう。すると、今後あなたが、どう行動したらいいか、どういう役割を果たせるか、どうしたらより力を発揮できるか、ということが見えてきます。

これもまた、「いいように考えよう」という生半可な提案ではありません。欠点と見えることの中に、その人の強烈な個性が宿っているものです。その意味で、欠点と長所は同じです。どちらも個性です。欠点バンザーイなのです。

現在の環境の中での自分の役割や、仕事の仕方を、もう一度考えてみてください。あなたの考え方や取り組み方が変わるだけで、楽しくないと思っていた仕事や職場が楽しくなることもあります。

いまの仕事・役割は必ず天命につながっている

自分が天命ではない生き方をしていると毎日が息苦しく、疲れるものです。天命からそれていることを自分に教える自分自身からのシグナルが、職場の人間関係の悩みや、仕事への不満や行きづまりという形で表れる場合もあります。また、病気になってしまうこともあるでしょう。

だからといって、あなたがいまの職場や仕事内容に不満を持っているとしても、「さあ、さっさとそこを辞めて、天職を探しはじめましょう」というような、無責任なアドバイスをするつもりはありません。

例えば、「いまの会社にはいじ悪な人がいるから、辞めてほかを探そう」というように会社に背を向けて安易に逃げ出してしまうと、次にワンステージ下がった人生を選んでしまうことがあります。ワンステージ下がるというのは、会社の規模や収入のことではありません。

会社のように複数の人が集まる場所というのは、特有の「意識場」をつくっています。意識場とは、そこを構成する人たちの意識の波動の共鳴によって形づくられているもので、言い換えればその場所が醸し出している空気、雰囲気として私たちがキャッチするものです。「会社のムードが明るい、暗い」「活気がある、ない」というようなことは、この意識場を感じて、そう表現しているのです。

この意識場がいまの会社より悪いと、そこではもっと嫌なトラブルが待ち受けているでしょうし、会社の意識場が低いと、運命も悪くなり、争いに巻き込まれて、あなたの不満はますますつのってしまうでしょう。

いま、あなたが自分自身の天命を生きていないとしても、天命からは完全にはずれているということはないのです。あなたのいまの職場、いまの役割、いまの環境の中にも、天職にかかわる部分、天職につながってゆく要素は必ずあるのです。

ですから、いまあなたが直面している問題から逃げるのではなく、まずは「笑顔」と「ありがとう」を実践しつつ、その問題としっかり向き合ってください。すると、問題解決の糸口が見えてきたり、自分が果たすべき役割が発見できたりするのです。

あなたの過去にムダなものはない

あなたが、たとえストレートに天命を歩めず遠回りしていたとしても、心配しなくても大丈夫です。その途中段階で経験したことは、あとで振り返ってみるとすべて天命につながっていたことがわかります。

例えば、経理事務員として働いている人が、経理の仕事に天命を感じられないとしましょう。

仕事の内容は天命と言えないかもしれませんが、もしかすると職場の上司との人間関係がうまくいかなくて苦労したことが、あとになって天命と思える仕事に出会った時に生かせるかもしれません。

あるいは、経理の仕事そのものではなく、まわりの人にお茶を入れてあげたり、お客様にお茶を出すことのほうが好きという人もいるかもしれません。「お茶なんか適当でいいよ」と上司に言われても、どうしてもこだわってしまう、手が抜けないとしたら、それが天命に関係することなのかもしれません。

あるいは、結婚して経理の仕事を続けながら家事をすることで、家事の省力化をいろいろと工夫し、それをブログで紹介したことがきっかけになって本を出す、というような人もいるかもしれません。自分のために考えた家事の省力化のノウハウが人の役に立ったら、そのことがその人の天命と言えるでしょう。

どの部分が天命につながるかはわかりませんが、いまのあなたの経験は必ず何らかの形で天命につながっているのです。

もし、あなたがいま逆境にいるなら、いまそこには、あなたの天命につながるヒントが隠れている場所なのです。

私自身も離婚という逆境がなければ、本気になることもなかったでしょう。セールスの仕事に就いてすぐ教材が売れていれば、「笑顔」や「プラスの言葉とイメージ」の大切さに気づくこともなかったのです。セールスで商品を売る為に必死で磨いた説得力のある話し方は、今講師として笑顔や「ありがとう」の意味を伝える為の講話の説得力として生かされています。

うまくいったことも、いかなかったことも、すべてが必要、必然であったのです。

人生でやってきたことの蓄積が、いまの私、いまの笑顔セラピーをつくってくれているのです。

プラス1パーセントの力が新しい自分を開く

結婚して、家族や訪れる友人のために料理をつくっているうちに、主婦ならではのアイデア料理やスピード料理が評判を呼び、料理研究家になった人がいます。

また、会社員時代に営業をやっていた人が家庭に入って、部屋をいつもきれいにコーディネートしているうちに、そのインテリアや雑貨選びのセンスのよさをほめられ、会社員時代の営業センスを生かし、家庭にいながらにしてできるインターネット販売の仕事を立ち上げたりしています。そういう場合には、商品の入荷の交渉などの時に、営業での経験がずいぶん役に立ったとのことです。

いま、あなたがやっている仕事は決してムダではありません。

「会社の仕事内容が単調でつまらない」「同僚との人間関係がイヤ」「上司が無能で、そのシワ寄せが私の所に来る」などといった会社のグチを言っている間は、本当は本気で生きていない自分へのグチであるのです。心の奥に存在している本当のあなたは、どんな環境であっても本気で全力を出しつくしたがっているのです。

だから、ひとまずグチは横に置き、いまの仕事に101パーセントの力を注いでみましょう。グチを言いつつ天命に行き着いた人は一人もいないのです。

101パーセントというのがミソです。100パーセントではダメなのです。もうこれ以上は無理というくらい全力投球した状態が100パーセントだとすると、そこを1パーセント以上超えて、進んでみましょう。

100パーセントを超えた時に、初めて「本気」を出したと言えます。そして限界を超えて「本気」になった時、その限界を超えた部分に天からのバックアップがつくのです。自分でも驚くような潜在能力が発揮できるのは、100パーセントという限界をのり超えてその先の目標地点に行こうと決意している時なのです。

いま、自分がいるその場所で101パーセント以上の力を出していれば、無理やり道をつけようとしなくても、自然と道がついて天命にたどり着くのです。

そうやって天命・天職にたどり着いた人は、すごいアイデアが次々と湧いたり、必要な時に必要なチャンスや手助けが入ったり、超ハードなスケジュールでも疲れず、イキイキと元気でいられるといった不思議な幸運に恵まれていきます。

101パーセントの力を出すというのは、肉体的に頑張る、スピードアップする、というのもありますが、壁を乗り越えようとして、考えて考えて考え抜くということも含まれます。どう考えてももうダメ、自分の限界をはるかに超えた、頭の中が真っ白となった瞬間に、たいてい壁を乗り越えるヒントがやってくるのです。

100パーセントまでは、人間は自分の持ち前の力量でやっていこうとするのですが、限界を超えて101パーセントの力を出そうとした時に、やっと自分の「我」を手放すことができるのです。「自分が自分が」という「我」が消えると、自分の中に隠れていた潜在力が湧き上がってきて、どうしても越えられなかったハードルを跳び越えられるのです。

それは、天命、つまり天の命令に従うのですから、天が味方してくれる、つまり「神様のバックアップがつく」のです。その時は自分の力量を超えたことがすんなりとできます。いままでにない発想が湧いたり、体力、気力が湧き上がってきたり、タイムリーな出会いに助けられたりと、その都度、いろいろな形をとりますが、不思議な力が働いて、うまくいき、とても運がよくなっています。

例えば、あなたが派遣社員としてコンピュータ入力の仕事をしているとします。「時給で仕事をしているんだから、時給に見合ったスピードで入力すればいいわ」と考えず、正確さはもちろんですが、自分ができる限界以上の力を出して、スピードアップして、一生懸命にその仕事に取り組んでみるのです。限界破りにスピードアップは必須です。

いままでは自分のやる仕事の限界はここまでと線を引き、100パーセント以内の力しか出していなかった人が、その線を超えて101パーセントの力を出した時、急に目の前に新しい世界が開けてくるのです。

新しい世界は、次に、あなたにとってより自分の力が発揮できる会社に派遣されるという形でやってくるかもしれませんし、正社員になって新規のプロジェクトをやらないかというお誘いかもしれません。全く違った職種への興味が湧いてくるという形で表れるかもしれません。とにかく、何らかの形で次のステージに上がることができます。

そこでまた101パーセントの力を注いでいると、また次の段階に行くということを繰り返して、ついに天命にたどり着くことができるのです。

いま、コンピュータ入力の仕事に喜びが感じられなかったとしても、例えば将来自分が別の仕事に就いた時には、コンピュータ入力の技術が役に立つかもしれません。あるいは、派遣社員としていろいろな職場を経験したことが、次の仕事のヒントになるかもしれません。

また、雰囲気や条件の悪い会社に派遣された経験があることが、その後、自分に合った職場に出会えた時に、その出会いのありがたさがわかり、職場で人々が力を発揮するために大事なことが何なのかに気づき、それを生かした名マネージャーになれるかもしれないのです。

いまあなたが体験していることの意味は、あとになってからわかるのです。すべてが天命にたどり着くための準備です。天命・天職にたどり着くのに必要な体験をしているのだということを心にとめて、101パーセントの力で取り組みましょう。

限界を超えることがないと、自分は変わりません。物理的な環境は変わっても心理的な環境は変わりません。何度転職を繰り返しても、天命から遠ざかることはあっても、天命に近づくことはできないのです。

自分の直感を信じてみよう

天職に導かれていく時には、たくさんの選択肢から選ぶのではなく、ひとつだけ前に道が開きます。いくつかの選択肢があったとしても、直感的に必ずひとつを選びます。

天命への道であることを直感したら、その道をまっしぐらに進みましょう。あえて直感を無視して損得計算し他の道を選ぶと、天職からは遠ざかってしまいます。例えば、小さな会社で条件は悪いけれど、あなたにとってやりがいがありそうな会社と出会う、というように、この道に進みたい、という道が目の前に現れるのです。

小さな会社に転職したいと言えば家族が心配する、条件だけを考えれば、いまいる会社のほうが大手だし収入も多い。

それでも、なんだかどうしてもこの会社に行ってみたい、そこに自分のやりたいことがある気がする、というように直感的に引き寄せられていきます。

直感を感じたら、その直感に逆らわず、流れに乗りましょう。それは「流れ」なのです。

あるいは、いまの仕事に101パーセントの力を注いでいると、こっちに進んだほうがいいと思えるような状況が生まれてくる場合もあります。

例えば、親が長期入院することになって、自分も毎日病院に行かなければならないのだけれど、いまの職場からだと、遠くて仕事が終わってから通うのはちょっと難しいという時に、偶然病院の近くの会社から誘われたりします。しかも、仕事もおもしろそう。すると、お給料は少ないけれど、思い切って転職しようかという気になる。その流れに素直に従っていくことで、天命・天職の道をまっすぐ進めるように計られるのです。それは確かに天命への「流れ」なのです。「縁」といってもいいのですが。ただし、お金や地位といった欲得での計算が入ると、直感も働かず、天命への道も消えてしまいます。

チャレンジし続けることが天命への道

笑顔と「ありがとう」を続け、仕事に101パーセント以上の力を出し切っていると、大きなチャンスがめぐってくるもの。

もし、あなたに何かチャンスがめぐってきたら、「イエス、アイ、キャン（はい、できます）」「レッツ、トライ（やってみよう）」の精神で引き受けてみましょう。

目の前にチャンスが来たらとにかくトライしてみるのが「チャレンジ発想」です。

「失敗したら恥ずかしい」「まわりに迷惑がかかるかも」「たいへんな努力が必要でしんどそう」「責任が重い」「収入が減る」など、いろいろなリスクを考えて断ってしまったら、天命への道をみすみす逃してしまうことになります。

「やってみたいけど不安……。だけどやってみたい。やっぱり不安」と五分五分で迷いに迷ってどうしても決められない時は、積極的に前に進むほうを選び、「イエス、アイ、キャン。レッツ、トライ！」でやりましょう。

あなたにそのチャンスが来たということは、やればできるからこそめぐって来たのです。

実現できるというイメージが全く湧かないという場合は別として、あなたがチャンスと感じ、引き受けたい気持ちがあって迷っているなら、必ず引き受けましょう。

ここをこうやればできる、時間をこう使えばできるなどと不思議とアイディアが湧いてきたり、また、チャンスや手助けがはいってきてしまうものです。

少し背伸びすることになっても、いったん引き受けた以上、限界を超えてでも必死でやることになりますね。成長とはいままでの自分の限界を超えたことをやった時に生まれるのです。そして成功するとそれが自信になり、成長してまた次のステージに進み、また成長する、という好循環が生まれてくるのです。

もちろん、失敗するかもしれません。しかし、その失敗は、天命への道を歩む上で、必要な学びだったり、成長のために必要不可欠な経験なのです。そして、その経験を通じて、次の成功へとつながっているのです。そういう意味では失敗はないのです。たんに「失敗は成功のもと」というような、精神論ではありません。天命への必須条件とも言うべきことなのです。

目の前の「障害《ピンチ》」をチャンスに変える

また、仕事以外のことにもチャレンジ発想は必要です。

何か興味ある会に誘われたら1度は顔を出してみる、お手伝いを頼まれたら引き受けるというように積極的に行動していると、思いがけない人や物事との出会いにつながることが少なくありません。全く興味がないことに参加する必要はないのですが、行くかどうか迷った時はトライしましょう。

もうひとつ、心にとめておいてほしいことがあります。

「笑顔」と「ありがとう」を続け、101パーセントの力を仕事に注いでいるのに、目の前に大きな障害が現れることがあります。この場合もその障害から逃げてはいけません。

逃げようとするとそれは「不安」という形で追いかけてきますが、逃げないで乗り越えようとしたら、それはもう障害ではなく、乗り越えるべき〝課題〟になるのです。

目の前の障害を自分が乗り越えるべきハードルとしてとらえ、一生懸命そのハードルに取り組んでいると、手ごたえを感じ、おもしろくなり、実力がつきます。ハードルから逃げて実力がついていないのに、天命につながる次のステージに引き上げられても、力がついていないのではそこでの仕事をやりきれませんから、天はあなたを引き上げてくれないのです。

次のステージに上がるチャンス、幸せになるチャンスが目の前にあるのに、逃げ出したら大ゾンです。

真剣に「ありがとう」を実践していれば、マイナスのためのマイナスはやってきません。自分が引き受けられないマイナスはこないのです。必ず乗り越えられる課題ですから、乗り越えてプラスに転換しましょう。ピンチこそチャンスなのです。

その時にはどういう意味があるのかわからなくても、あとになって、「あの時病気になったから、こういうものの考え方ができた」とか、「あの時はちょっとつらかったけど、あのトラブルがなかったら、いまのこのチャンスはつかめなかった」というように、必ずプラスにつながっていることに気づきます。

もしそれでも不安を感じたら、その不安に向かって「ありがとうございます」を唱えましょう。その不安を乗り越えた時、あなたの人生は天命へと、また1歩近づいているのです。また「これでよかった。ここからよくなる。ここから成長、ありがとう。ありがとうございます」と唱えましょう。

101パーセントを超えて、夢中で、つっ走っている時は、まわりが見えていないことが多いものです。万が一、間違った方向・危険な方向に、向かっていたとしたら、たいへんです。

しかし、「ありがとうございます」は大自然の調和のエネルギーですから、感謝、または感謝法を実践している人は、けっしてマイナスの方向へゆくことはないのです。

ひとつのことに集中し、真剣な時ほど、「ありがとうございます」を手放さないことが、大切です。自分にとってプラスのことだけではなく、たとえマイナスのことであっても、すべてに感謝して受け取ることが天命へのプロセスには絶対に必要なのです。

2011年3月11日の東北地方をおそった大震災もそう、エゴと競争が基本の日本社会全体を、愛と調和の方向に変換する転換点だったんだと思います。「はじめに」

に書いたように、人々の心を愛と感謝に変え、さらに福島原発の事故により、効率中心の社会に歯止めがかかったのではないでしょうか。一人一人が人生観の転換をしなければなりません。それが日本の大転換となり、日本が愛と調和の国となってゆきます。

日本は世界の中心であり、ひな型としての役割があるそうです。これは「なぜ？」と聞いても誰も答えられない、そう決まっているとしかいいようのないことのようです。ただ、日本列島を拡大すると世界地図と同じ型になることが、その証明です。有名な物理学者のアインシュタインもそのことに気づき、「我々人類に日本という国を与えられたことを神に感謝します」と述べています。だから、日本が変われば、世界が変わるのです。

5章

「愛」と「やりがい」に
満たされた、
最高の幸せをいま生きる！

「一時的な快楽」と「幸せ」の違い

私たちは、ともすれば「幸せ」と「好都合」を混同し、「好都合」を求めて走ってしまいます。ところが、いくら「好都合」を追求しても、本当の幸せにはたどり着きません。それどころか、結局はたいへんな不幸を引き寄せてしまいます。

一時的に快楽を求めるというと、例えば、おいしいと評判のレストランで豪華な食事をするとか、エステに行ったり、休みをとって旅行する、といったことがあげられます。これらはリフレッシュできてとても楽しいですよね。

しかし、多くの人々は、さらに日常的に貪欲なまでに快楽を求めます。いえ、不快をさけたがっているともいえます。

例えば、人に愛されたい。好きな人ができたら、その人に愛されたい。その人の気持ちが冷めないようにと願い、私だけを愛してほしいとさえ思います。

また、生活が安定するように願い、安定したらよりリッチな生活を望みます。これらはすべて、快楽を求めてのあくなき欲求です。

でも、快楽的な楽しさはたまにだから楽しいのであって、毎日来る日も来る日も、何ヵ月も何年も続くと、最初の新鮮な喜びはなくなり、遅かれ早かれ飽きて色あせる性質をもっているのです。

なぜかというと、快楽を次から次へと味わい続けても、やがては飽きてしまうというメカニズムが、人間の脳には組み込まれているからです。

楽しいことをしていると、最初は快楽ホルモンといわれる脳内モルヒネが出て、「うれしい」「楽しい」と感じるのですが、同じ状態が続くと必ずギャバという抑制物質が出てくるので、喜びが消え飽きてしまうという状態になるのです。

たとえお金を山ほど手にしたとしても、最初はいろいろなことができるのがうれしくてしょうがないでしょうが、そのうちギャバが出て喜びを抑制してしまうので、もっと楽しいことを求め、もっと刺激的なことはないかと探し回ることになり、何をやっても楽しくなくて、非常につらく、うつ的になるのです。

また、「不安」「不快」を避けることを目的に生きると、まずは収入の安定のために働くことになります。お金を得るためだけに一生働きつづけるのは、大変な苦痛と忍耐を要するということは、想像にかたくないと思います。

とはいえ、病気の「不安」や「不快」と闘うのは耐え難いものがあるし、避け切れるわけはありません。

肉体的な不安と不快は誰しも一度ならずも必ず味わいます。人間関係でも、不快なことや不安は、必ず体験しますね。

ただ、そういった不安や不快を避けることが、幸せへの第一歩と勘違いをしてしまうと、本当の幸せには、たどり着けなくなってしまうのです。

では、本当の幸せとは何でしょう。

人の脳のメカニズムは本当に不思議で、自分がやったことで人が喜んでくれた時にだけ、抑制物質のギャバが出ないようになっているようです。その場合は、脳内モルヒネが出続け、喜びであふれかえる至福の境地に至るのです。

つまり、人間は人に喜んでもらうことでしか本当の幸せ、究極の幸せは得られないのです。

ただ、いくら人が喜んでくれても、自分を犠牲にして人を喜ばせていると、いつかは限界がきます。ストレスがたまって病気になったり、「もうダメ」だと精神的にプチッと切れて、逃げ出すことになってしまうでしょう。

第一、自分を犠牲にしている場合、実は人を喜ばせることより、人の愛をゲットするのが本当の目的なのです。

ですから、自分が最高に楽しい、幸せだと思ってやれる天命・天職によって、人が喜んでくれて自分もうれしい、というのが、唯一、最高の幸福の道なのです。

そうじゃない道を行くと、別のことでつらさをごまかしたり、お金でゲットできるような楽しみ――パチンコやショッピング、グルメ、旅、エステなど――にやたらと走るといった、快楽的欲求に突き進むことでバランスをとるしかなくなってしまいます。

実際、現代社会には、そういう生き方をしている人がとても多いのではないでしょうか。

天命を生きていたら、睡眠時間が少なくても、忙しくて一食しか食べなくても、ちゃんと健康を保てるはずなのですが、私たち現代人がやたらと癒しを求めているのは、天命からはずれた生き方をしているからではないでしょうか。

天命を生きていると、生きること、懸命に働くことがそのまま癒しなのです。

そして、そのように天命を生きていると、自分が大好きでいられます。この癒しと幸せは神様からの大きなプレゼントなのです。

社会のルールを超えた宇宙のルールとは?

人はストローク(人間どうしのふれあい)がないと生きていけないというのは、人間が自分たちで決めたルールではありませんね。だから「笑顔」や「ありがとう」で幸せになるのも、人間として生まれた時からそうなっていた、ということです。

また、天から与えられた自分の役割=天命を生き、まわりの人を喜ばせている時にだけ脳内モルヒネが出続けるというのも、人間がつくったしくみではありません。すべてこの世に生を受けた時から、これらのメカニズムが、人間ひとりひとりに組み込まれているのです。これらはすべて天が与えてくれたものとしか言いようがないのではないでしょうか。

私は、法律や規則など、人間が決めた「社会のルール」を超越したこれらのルールを、「神様のルール」と呼んでいます。

私の言う神様とは、特定の宗教宗派の神様ではなく、宇宙エネルギーそのもの、大自然の法則、つまり真理のことです。遺伝子、細胞、生物の命のしくみ、命の連鎖、星の運行、どれをとってみても完全調和した大自然のあり様というのは、たんに偶発的にこのような形をとるということは決してありえないといいます。

それは、科学を研究しつくし、最先端まで到達した本物の科学者たちの一致した意見です。確率論的に計算しても、このように完全調和する可能性はゼロなのだといいます。つまり、ある意志、意図をもってつくられたとしか言いようがないといいます。

その意志、意図の究極の目的は「すべてを、イキイキと生かしつづける」ということにあるようで、この生かし続ける意志やエネルギーのことを「愛」と言い、さらに「神」と呼ぶのだと私は考えています。

法律や規則など、人間がつくった社会のルールは国や時代によって変わりますが、神様のルール、つまり大自然のルールは不変のものです。人間も大自然の一部ですから、真理からかけ離れた生き方をしていて、本物の幸せを感じることはできないのです。

必要な時に必要なお金が与えられる

社会のルールを代表するものは、お金です。大自然の中にはもともとお金というものはなかったわけですから、現状のお金のしくみが神様のルールと同調しないのは、おわかりいただけると思います。

お金は競争社会の基本となるもので、現在では競争によって獲得することになっています。例えば車のメーカーで、トヨタと日産、マツダ、ダイハツ……は、お互いライバルなわけで、トヨタが大きく売上を伸ばすと日産はシェアを奪われることになるわけですから、日産は頑張って売上を伸ばす……と競争が激化していくことになります。

また、会社の社員同士も、成績、業績で給与は変わってくるので、競争せねばなりません。

ギブはプラスのエネルギーですが、競争のエネルギーは、テイクで負のエネルギーです。命をイキイキさせる働きではなく、逆に疲れや病気のほうに導くエネルギーなのです。

また、3章でも少しふれましたが、お金というのはやっかいなもので、現代社会に生きているとお金は必要なのですが、欲を出してお金の計算をしだすと、不思議とお金は足りなくなるか、またはゲットしてもしても、もっとほしい、もっと必要、と不足感から抜け出せなくなるようです。

また、競争社会の象徴であるお金は、マイナスのエネルギーを背負ってやってくるので、必要以上に入ってきたり、また働いた分以上に手に入れると、嫉妬心や不要な競争心など、マイナスのエネルギーをどんどん引き寄せ、運気が落ちてしまうのです。

そういうわけで、お金のことを第一に考えていると、神様のエネルギーやルールから遠ざかり、神様から与えられた自分の役割である天命からどんどん遠ざかってしまいます。

天命を生きて幸せになりたければ、絶対お金に執着してはいけません。

天命を生きるということは、天から与えられた使命を生きる、つまり、神様のご用を果たしているわけですから、天命を生きているかぎり、神様が放っておくわけがありません。お金の計算をしなくても、必要なお金は必ず入ってくるのです。

きれい事を言っているように思われるかもしれませんが、私自身、笑顔セラピーを32年間続けてこられたのも、ビジネスに関して不器用な私は「儲ける」ということをうっかり忘れたままつっ走ってきたからです。

かといって、私は何もストイックな人間でも、お金なんかいらないと思っているわけでもありません。離婚して母子家庭でしたから、離婚後「生活費を稼がなきゃ」ということからスタートしました。

でもいざ仕事を始めると、お金のことを考えるより先に「笑顔セラピーで人々を幸せにしたい」という目的に意識が向いて、気づくとお金を度外視し、行動してしまっていたのです。また現在は、笑顔セラピーの運営から私自身の収入は得ずボランティアで取り組んでいます。

いま自分の目の前にいらっしゃる受講生の皆さんが、どうしたらもっと元気になってくださるのか、もっと笑顔になってくださるのかを夢中で考えて走ってしまうのです。逆にいえば、このようにお金の計算や心配を忘れさせてくれるのが、天命・天職なのです。

もう何度か経験していますが、教室の運営上、お金が必要という時になると、不思議と、心配する前にお金が入ってきているのです。だから、心配したことはほとんどないのです。

私だけの話ではなく、受講生の方たちからも度々同様の体験談をお聞きするので、これはもう神様の采配としか思えません。

お金を稼ぐことを第一の目的にせず、天命・天職に本気で打ち込んでいると、お金の持つマイナスエネルギーに振り回されず、健全にお金が回っていきます。

また、159ページにも書いたように、お金を使う時にはお金に「ありがとう」を唱えると、よいお金が入ってきて、よいことに使え、プラスエネルギーのお金になります。

お金は自分のためにためこむものではなく、マイナスエネルギーで入ってきたお金を「ありがとう」の大きなプラスエネルギーでもって受け取り、プラスエネルギーに変えてまた社会へと送り出す。つまり、愛の心で使い道を決めることで、社会にプラスエネルギーのお金を循環させてほしいのです。

私たちの体は神様からレンタルしたスーパーカー

私たちの体は本当によくできていて、私はよくスーパーカーにたとえます。

私たちは自分で呼吸をしようとしなくても、無意識のうちに呼吸ができます。

食物を食べる時はどうでしょう。自分の意思で頑張って消化しようと思わなくても消化器官が自然と働いて消化してくれ、体に栄養を運んでくれますね。

寒い時にはちゃんと鳥肌が立って、肌の表面から熱を逃がさないようにしてくれます。ウィルスが体に侵入してきたら、白血球が頑張ってしっかり闘ってくれるでしょう。自分の意思で白血球を働かせなきゃと思わなくても、自然とやってくれるのです。

赤ちゃんはある一定の期間を経ると、いままでハイハイしていたのが、自然と立っちして歩こうと意識を示し、ついには歩き始めます。

また、私たちは美しいものを見たり、美しい音楽を聴いたりすると感動しますが、「感動する」ということをだれかに教えられたわけではなく、自然に感情が揺さぶられますよね。

これらはみな、生まれながらにして与えられたものです。私たちは生まれてきてから死ぬまでの間、精巧ですばらしい、オール自動制御のスーパーカーを神様から無料でお借りし、使わせてもらっているようなものなのです。

しかし、このスーパーカー、運転だけは自分の意思でやりなさい、と神様はおっしゃっています。つまり、天国への道を選ぶのも、地獄への道を選ぶのも、人生の進む方向を決めるのは、あなたの意思に任されているのです。

もしも運転の仕方や進む道を間違えてしまったら、せっかくスーパーカーに乗っていても幸せにはなれません。運転の仕方を知らないまま乗ってしまうと、人生という道程の途中でエンストしてしまうかもしれません。

また、自分では幸せ山への道だと思って、頑張ってお金や地位を追い求めて突っ走っているうちに、いつの間にか地獄沼にたどり着いている、ということも起きてきます。

スーパーカーを無料で貸し出し、年中無休の点検整備（自然治癒力はじめ、いろんな本能）するところまでは神様がやってくださいますが、それを運転するのは私たちひとりひとりの責任であり、いっさい自由で、神様はいっさいタッチなさらないのです。

このスーパーカーを上手に乗りこなすために欠かせないのが、実は「笑顔」とプラスの言葉を選ぶこと、中でも「ありがとう」なのです。

不安を招く「勝ち組」という幻想

「勝ち組」と言われる人は、勝ち続けるためには、毎日、きびしい戦いを続ける必要があります。心の中はストレスがいっぱい、パンク寸前という状態です。

「そんな事はない、余裕で勝ち続けている人もいるよ」という声が聞こえてきそうですが、マイナスエネルギーがどんどん蓄積しているわけですから、遅かれ早かれたまったマイナスが病気や事故や家庭内のトラブルといった形をとって現われてくるのです。

本人ではなく、家族等の病気として現われるケースも少なくありません。

成功者に見えても不幸な例は、新聞・テレビのニュースなどでよく目にします。

高額納税者が多額の財産をだまし取られたり、有名タレントが麻薬中毒で逮捕されたり、一流企業の社員が汚職・横領などで捕まったり、宝くじの高額の当選者の人生が転落していったり……と、枚挙にいとまがありません。

もちろん、天命に従って社長になり成功している人は、社員を幸せに導き、社会貢献し、自分も幸せになって、大きなプラスエネルギーを循環させます。天分を生きている人は、自然にまわりの人々に幸せをギブしているのです。

以前、異業種交流会で講演を頼まれた時のことです。私は右のような例を挙げて、「お金があり出世しているからといって、必ずしも幸福とは限らない。実際、お金持ちのほとんどが不幸らしい」ということを、お話をさせていただきました。

講演のあとのパーティーで、私はパリッとした紳士に声をかけられました。

「野坂さん、さっきのお話は間違っていますよ」と。

「えっ、どこが間違っていましたか」

とお聞きすると、

「野坂さんは、『お金持ちのほとんどは不幸や』っておっしゃったでしょ。あれは間違っています」

と、おっしゃいます。お金持ちの中にも幸福な人はたくさんいる、という反論だと思い、私は一瞬、身構えました。ところが、その人の口から出たのは意外な言葉でした。

「野坂さん、私の知るかぎり、お金持ちは全員不幸です」

その方は、大口の顧客だけを担当する証券マンで、当然、お客様はすべてお金持ちです。長いおつきあいの中で、自然と家庭や会社の内情にも詳しくなり、心情も伝わってくるようです。その方が言うことには、自分の担当のお金持ちは全員、例外なく不幸なのだそうです。

「勝ち組」「負け組」という価値観で生きる時、勝っているほうでさえ不幸なのですから、負けているほうは当然不幸です。

このルールの中で生きているかぎり、人々の不安は強大になっていき、多かれ少なかれ、その価値観の下でもがき苦しむことになるわけです。

残念ながらいまだ、日本、いや世界中は、この勝ち負けの競争のルールで成り立っています。お金中心の世の中だからです。

私たちはみんな社会人ですから、自然と、社会のルールに巻き込まれて生きることになります。とても大きな勇気とパワーを持って、自分の力でこのルールに影響されない暮らしをしなければ、快楽と不幸を行ったり来たりの生活か、または、どっぷりと不幸になるかのどちらかです。

いま、心の不安を抱える人が増えているわけ

いま、日本では8人に1人は「うつ傾向」で、自殺大国でもあります。不況だとはいっても経済的にも恵まれ、世界でも有数の先進国、「勝ち組」の国のはずの日本の国民が、少しも幸せになっていないのはなぜでしょうか。

歴史学者の村山操先生が発見されたのですが、有史以来、地球上では、西洋文化で物質文明の時代と東洋文化つまり精神文明の時代が800年周期で繰り返されています。

20世紀までは西洋文明の世紀でした。

西洋文明の最後の世紀である20世紀は、第一次世界大戦、第二次世界大戦で始まり、アメリカの9月11日のテロで終わった、争いの世紀でした。お金中心の社会の

もろさが露呈される世界金融恐慌なども起きました。「大自然の法則＝神様のルール」から大きく離れたシビアな競争社会であり、お金こそが大事な時代だったと言えます。

しかし、21世紀に入った現在、東洋文明の時代がやってきたのです。いま、盛んに言われているスローライフ、スロービジネスといったロハス（ＬＯＨＡＳ＝Lifestyles Of Health And Sustainability）な生き方も、欧米人をはじめとする先進国が、東洋的な、自然とともに生きるライフスタイルのすばらしさに気づいたことの表れだと思います。

その証拠に、ロハスな暮らしのキーワードを眺めると、ヨガ、整体、有機野菜、共生、自然エネルギーなど、東洋的なもののよさに気づき、立ち戻ることが、その根底にあることに気づかされます。

ただし、この場合のスローというのは「自然体でゆったり暮らす」という意味で、仕事などをゆっくりやるということではありません。天命を生きている人はどんなことをするのでもスピーディですから。

いずれにせよ、21世紀は東洋文明の時代、つまり、協調・調和の時代の始まり。

西洋文明の社会による競争とお金中心のルールではなく、東洋文明の大自然との調和、国同士、人間同士の調和と平和を重んじる時代、「大自然の法則＝神様のルール」に立ち戻る時代に入ったのです。

21世紀は心の時代、そして共生の時代なのです。東北地方を襲った大震災は、まさに東洋文化への折り返しのための大きな転換点であったと思われます。これから、平和ですばらしい、調和した世の中になるに違いない、いえそういう社会にしなければ人類は生き残れません。

20世紀の西洋文明型「成功、幸せ」と、21世紀の東洋文明型「成功、幸せ」では、正反対と言っていいほど違うのです。20世紀と同じ方法で生きようとする人は、迷い、つまずき、とまどうのも当然でしょう。ですから、そんな人々は気の持ち方のバランスが狂ってしまい、うつ病などの心の病気になる人が増えているのです。

新しい時代の到来に気づかず、20世紀のやり方を引きずっていては、幸せになることはかなわないのです。

人と人をつなぐいちばんの接着剤は「笑顔」、そして「ありがとう」です。21世紀のキーワード、「笑顔」と「ありがとう」の波動をひとりひとりが発信し、競争の時代から、人と人のつながりを大事にした大調和の時代――この転換の時代を、道を見失わず、幸せに過ごしたいものです。

“比較”をやめると見えてくるもの

現代人は、子どものころからずっと他人と比較されて育てられます。

「隣の○○ちゃんは、成績がいいのに」「□□ちゃんはお行儀がいいでしょ」という調子で、「人と比べてあなたは……」という育て方をする親が、圧倒的に多いのです。

こうしていつも人目を気にし、社会のルール・価値観に合わせようとして、不安でいっぱいになったり、ほかの人と自分を比べてうらやんだり、ひがんだり、逆に相手を見下したり、ということを続けているのがほとんどの現代人です。

比較の行く先は競争です。人に負けたくない、人にバカにされたくない、人と比べてみじめな自分は嫌、人より少しでも多くお金をもらって、人にうらやましがられるパートナーを得て、人より少しでも大きい家に住んで……それが無理なら最低、人と比べてみじめでないよう、人並みの家、人並みの収入、ふつうの仕事で暮らさなければ……。

そして社会から外れないようきちんとエチケット、ルールを守り、つくり笑顔もして（ただし、この時の笑顔は、笑顔セラピーでいう形から入って心を変えるつくり笑顔ではなく、自分を守るための隠れみのの笑顔です）というように、まわりと比較して暮らしていると、いつまでたっても、気の休まることがありません。

「失敗してはいけない」「人に負けないようにしよう」と強く思いすぎるので、ひとつでも失敗があったり、自分にとって不都合なことが起こったり、人より劣っていると感じると、ものすごく大きな挫折感を味わうことになります。

同じ競争をするなら、ギブの競争がいいですね。

もしあなたがサラリーマンなら、もらう収入の何倍もの価値ある働きを生み出すことです。心を込めて、創意工夫をし、スピーディに、をモットーに働くのです。すると、雇う側はいい人を雇ったと喜びますが、いちばん得をするのはあなた自身なのです。波動がグーンと上がる、つまり運がよくなります。

もしあなたがレストランの経営者なら、とても細やかな手づくりのおいしい食事と、行き届いた気持ちのいいサービスをして、「おいしかったー。楽しかったー。また来たい」と言われ、喜んで払ってもらったお金というのは、サービスをした人もお客様も両方がうれしくなってやりとりされたお金です。だれも傷つかない、奪い合わない、プラスいっぱいのお金なのです。

ギブ&ギブで愛に満たされる自分になる

3章でも書きましたが、お金だけでなく、恋愛や結婚もマイナスのエネルギーを生み出すことが多いようです。異性に幸せにしてもらいたいという気持ちが強かったり、依存的であったり、よい相手をゲットしようという気持ちが強いと、どんどんマイナスの人を引きよせてしまうからです。

「理想の相手と出会いたいのに、いい出会いがない」という相談を受けることがありますが、いい出会いを求めるという出発点が、もう不幸の始まりなのです。皮肉なルールですが、真理なのです。

自分がいい妻になった時、そこにいい夫がいますが、最初から「いい人を見つけて結婚しよう」と思ったら、それはもうテイクの連続になります。

人が「結婚して幸せになりたい」と言う時は、たいてい自分が相手を幸せにすることは考えず、相手に幸せにしてもらうことを考えているものです。

「どんな人と結婚したい？」と聞くと、ほとんどの方が「優しい人がいい」と言います。「私に優しくしてくれる人」が理想なのであって、「私が優しくしてあげたい人」ではないのです。

もちろん、「私は彼に尽くすわ」「僕は彼女を幸せにする」と恋愛中は思っていますが、それは愛情つまり感情であり、愛ではない、愛と愛情はまったく違います。もし、どんなに尽くしても相手からは、期待している愛や感謝がまったく返ってこなかったらどうでしょう。それでもひたすら愛せるでしょうか。

「愛されるはず」が前提で「尽くす」のは、やはりテイクの意識です。「愛」は見返りを求めずただギブをするエネルギーであり、感情の高まりの愛情とは違うものです。

恋愛・結婚で幸せになるためにまず大切なのは「相手に依存するのではなく、自立していること」です。夫は夫の人生、妻は妻の人生をきちんと生きられること。

つまり、ひとりでいても十分幸せでいられることです。そんな人は、人に優しくしてもらうために結婚したいとは思わないのです。

自分ひとりで幸せに過ごせる人が、ふたりでいてさらに幸せになれるのです。しっかり自立できている、自分で自分を幸せにできる人がふたりでいたら、相乗効果でとても大きな幸せになり、周囲の人まで幸せにできるのです。

その根本は自分を愛すること。自分ひとりで幸せな人は必ず相手を幸せにする力を持っていますから、愛をギブすることができるのです。だから、手に入れるのではなく、ご縁のある人に愛と感謝をおくるのです。

「恋人をゲット」は不幸の始まりです。

恋愛・結婚というのはテイクの気持ちではじまりがちですから、恋愛がスタートしたら、愛という美名のもとで（本物の愛ではないのですが）、依存的にならぬよう、しっかりギブを心がけていきたいものです。

テイクの気持ちが出てきたら、「笑顔」と「ありがとう」で打ち消して、マイナスのエネルギーをプラスに転換していきましょう。

感謝法から感謝行へバージョンアップ

ギブアンドギブの心境に自然に移れる、シンプルで力のある素晴らしい方法があります。それは感謝法を卒業して、感謝行を実践することです。

感謝法と感謝行はどう違うかというと、感謝法とは、自分の幸せのため、現世利益を求めて唱える「ありがとうございます」です。しかし、感謝行は「こうなりたい」とか「マイナスを消してほしい」などという目的も求める気持ちも持たず、たんたんと「ありがとうございます」を唱え続けるのです。もし目的があるとすれば、世界の平和や人々の幸せを願って唱える「ありがとうございます」です。

感謝行は、もたらされるエネルギーが大きな愛のエネルギーで、感謝法のそれとは全く違います。感謝行は、言霊の質もパワーも感謝法の万倍高いのです。

感謝法は、ありがとう効果を実感するための入門コース、つまり感謝行にたどり着くためにあるのです。

感謝法でも、これまでお伝えしてきたように、かなりの効果はあります。しかし、根っこから人生が変わり、本物の幸せの境地に暮らすためには、感謝行が絶対に必要なのです。

感謝法では、幸せになるために条件を求めますね。病気はつらいので健康という条件が必要、収入が少なく不安定で不安だから、収入が多くて安定しているという条件が欲しい、家族や仲間に嫌われてつらいから、人から認められ好かれるという条件が欲しい、忙しすぎてストレスがたまるから、ゆとりが欲しい、その他に能力や職業、学歴、家や車やおしゃれな洋服といった条件が手に入ると幸せ、それらの条件が欠乏すると不幸と感じ、幸せになるために、それらの条件を求めます。すると、その条件を得るため、色々な縛りを受け、その縛りで苦しくなり、求める条件が手に入らないとつらくて悩みます。これでは、本物の幸せや永遠の喜びとは程遠い人生です。

永遠に、欲しい条件を手に入れられる人は、この世に一人もいません。しかし、感謝行では、今どんな条件の基で暮らしていようと何の関係もなく、幸せと大きな安らぎの中で生きることになり、求める気持ちは起きません。しかし求めなくとも、必要な物や事、協力者は自然に与えられるのです。愛に満ちた暮らしになります。

しかし愛の世界は、欲しい条件を与えられたから幸せなのではなく、条件に振り回されることなく、いつも心はおおらかで、喜びと安らぎ、感謝にあふれています。

そんな夢のような人生、あるはずがないとお思いでしょうか？

しかし、私達の仲間は、次々と「無条件の幸せ」の中で暮らし始めています。リアルな現実です。

もちろん「無条件の幸せ」の世界に暮らしていても、人生には、つまずきや失敗、マイナスのことも起き、一瞬不安になったり苦しくなることもありますが、一旦無条件の幸せを実感すると、すぐにまた感謝行の実践によって、安らぎの世界に戻ることができます。

感謝法で、「ありがとう」のパワーを実感なさったら、是非「感謝行」にバージョンアップしてください。

いま、地球人類は困難を極めています。しかし感謝行を実践する人が、どんどん増えていて、その相乗効果は計り知れない大きなプラスのパワーです。感謝行はその相乗効果を受けることができますから、変化も早いのです。そして、他のため、愛のため、感謝行を実践する人は、一番先に本物の幸せ、無条件の幸せの世界に住むことになるのです。

いま笑顔セラピーでは、感謝行実践のコツと大切な心得ておくべき実践のポイントを、お伝えしています。その結果、次々と無条件の幸せを実感していく人が増えています。だから、私は、無条件の幸せという世界が確実に存在し、誰でもがその世界に入れることを、自信をもってお伝えすることができるのです。

「分け与える」ことで、揺るぎない幸せが訪れる

自分の幸せを追求するだけでなく、感謝行の実践でまわりに幸せを分け与えると、それがまた自分自身により大きな幸せとなって返ってきます。

まわりに幸せをギブすると、自分の幸せ波動がまわりに伝わり、波動の共鳴現象で、増幅して大きくなることで、すばらしい波動を持った人や出来事をどんどん引き寄せるので、結果として、より大きな幸せとなって返ってくるのです。

実際、笑顔セラピーの多くの受講生の皆さんも、幸せを分け合うことでより幸せになるという経験をしています。

グループワーク（本気DE実践コース）や、笑顔セラピスト養成コース等では、いっしょに泣き、ひとりの幸せを皆で心から喜びあう体験の中で、深いところで心が通じ合うという至福の喜びを味わって、感動されるのです。自分の幸せだけを目指すより、より大きくより深い本物の幸せ「無条件の幸せ」を味わうことができるのです。

条件付きの幸せと無条件の幸せは、同じ「幸せ」と表現しても実感はまったく質の違う幸せ感です。雲の上にいるかのような優しい温かさにつつまれます。

強大な癒しのエネルギーを感じられる時

笑顔セラピーでは、「笑顔でみんないっしょにありがとうタイム」という時間を設けています。これには、あなたが全国どこにいらしても参加できます。だれでも自由に参加できるのです。

参加の仕方は簡単です。午後1時、6時、11時ジャストをはさんで前後2分ずつ計4分間、笑顔で「ありがとうございます」を唱え続けるだけです（携帯電話のアラームをセットしておくと忘れず参加できていいと思います）。1日3回すべてでなくても都合のいい時間帯だけでもかまいません。また、4分間のうち1〜2分だけの参加でもオーケーです。できたら笑顔をつくって唱えてみてください。

同じ時間に大勢の人がいっせいに笑顔をつくり「ありがとうございます」の言霊を送っていると、全国の「ありがとう仲間」と心のネットワークでつながります。波動の共鳴現象によって無限倍のプラスのエネルギーが生まれ、「ありがとう」をギブしているあなた自身や「ありがとう仲間」に、強大なエネルギーが降り注ぎます。

自分ひとりが送っている「ありがとう」のエネルギーは小さなものですが、全国のありがとう仲間と共鳴して、自分が発信した以上の大きなプラスのエネルギーが自分に返ってくるのです。

「ありがとうタイム」にご参加いただいている方々からは、すでに、「携帯電話にありがとうタイムの時刻をセットしてやり始めたら、直後からどんどんいいことが起きています」という喜びの報告を、たくさんいただいています。

私自身も、「ありがとうタイム」で不思議な体験をし、感激したひとりです。

流行性感冒にかかり、珍しく寝込んでいた時のことです。寝込んで2日目、まだ高熱がありましたが、午後1時2分前に携帯電話にセットしておいたアラームの音で目が覚めました。

横になったままですが、「ありがとうございます」を送り続けました。すると、「ありがとう」を唱えている間に体中から汗が噴き出し、なんとも言えない不思議な感覚が体を走りました。

私は、「あっ、一気に治っていっている！」と直感しました。思ったとおり、その直後、熱やだるさといった感冒の症状がなくなり、すぐに起き上がって仕事を始めることができたのです。

一気に身体が熱くなって汗が噴き出た瞬間の不思議な感覚は、いまでも忘れられません。全国の「ありがとう仲間」から返ってきた強大な癒しのエネルギーに大感謝しました。

もし私が自分の感冒が治ることを願ってテイクの気持ちで「ありがとう」を唱えていたり、「ありがとうタイム」と関係なく自分ひとりで「ありがとう」を唱えていたら、短時間であそこまでの即効性はなかったでしょう。

私は熱で朦朧《もうろう》とした状態でしたので、見返りを求めず無心に「ありがとうございます」を送っていたのです。そのギブの心が、「ありがとう仲間」の「ありがとう」をギブする波動と共鳴して、私のところにも大きく降り注いでくれたのだと実感する体験でした。つまり私は自然に感謝行の相乗効果で奇跡をおこしたのです。

私らしくイキイキと生きて、自分もまわりも最高に幸せに！

お金はマイナスエネルギーと言いましたが、私は「貧乏ぐらしをしましょう」と言っているのではありません。それどころか、必要なものは、豊かに与えられていくのです。

また、笑顔セラピーは「こう考えたほうが気が楽でしょう」という気休め論でも、「言うは易し、行なうは難し」の美しく高邁な精神論でもありません。

そうではなく、「自分らしくイキイキと天命を生きて、自分もまわりもいっしょに幸せになりましょう」というのが、私の願いであり、そうなるための具体的実践的ノウハウをお伝えしています。

そして、紙面ですべては書けませんが、誰でもできる簡単なノウハウは、大自然のルール、真理に基づいているので、間違いなく効果があるのです。

なかでも、感謝行の効果は、正しく実践すれば必ず実感していただけます。

笑顔と感謝行は、人に愛をギブするエネルギーですから、使った瞬間、あなたもまわりも必ず幸せ波動に満たされていきます。それは、命をかけて保証します。まずは実践してほしいと願っています。

まわりの人に「笑顔」と「ありがとう」をどれだけギブできるかが、あなたの幸せのバロメーターになります。人に愛をギブすることは天命に生きること。ギブするとあなた自身にも幸せが返ってきて、運がどんどんよくなるのです。

笑顔と感謝で神様のルールに従って生きていくと、自分の気持ちも現実も驚くほど変化していきます。

いままで必死に求めていた幸せが虚栄心や競争心からくるものである場合は、そういったものに魅力を感じなくなります。ほしいけれどがまんをするのではなく、ほしかったものに魅力を感じなくなり、必要なくなるのです。それといっしょに、焦りや不安、不要な競争意識も消えてしまいます。

代わりに天命を生きるために必要なあらゆるものが入ってきますから、いつも安心した状態でいられます。

また、「笑顔」と「ありがとう」は最高の波動を持っていますから、人や物事とのいい出会いを次々と引き寄せます。

そして、一時の快楽や好都合を追ったのでは得られない本物の幸せに導かれていくのです。

あなたの幸運を心から祈っています。

おわりに……祈りの力

アメリカのランドルフ・バードというお医者さんが行った実験で、興味深い結果が発表されていますので、ここでご紹介します。

サンフランシスコ総合病院で、ランドルフバード博士たちが「祈り」に関する実験を10カ月間、行ったのです。

393人の冠状動脈系の患者を無作為に192人と201人のグループに分け、両グループの患者さんに対して、いまの医学でできうる最高の治療を施しました。そして192人のグループの患者さんに対して、クリスチャンの人たちのなかから募集し、ひとりにつき、5～7人に祈ってもらいました。患者のファーストネームと病状だけが知らされ、祈り方は自由に任せられました。患者さんにも、医者や看護師さんにも、だれが祈られているのかは、全く知らされませんでした。その結果は、驚くべきものでした。

祈ってもらったグループの人たちは、祈られないグループより抗生物質の投与が

5分の1、肺気腫になった人が3分の1、うっ血性心不全になる確率が60パーセントも低く、心臓停止の確率も低い、気管内挿管をした人が、祈られないグループでは、12人、祈られたグループでは0だったなどの有意差が出たのです。

アレクシス・カレル博士（ノーベル生理学・医学賞受賞者）は「祈りというのは現実的な力であり、人間の生み出しうる最も強力なパワーである。医師として、多くの患者があらゆる治療で失敗したあと、祈りの力で、病やうつ状態から立ち直ってゆくのを目撃している」と言っています。

祈る人が、病院の近くにいても、非常に遠くにいても効果は同じだそうです。また具体的な結果を求めて祈っても、漠然と「御心のままに」といった祈り方も同じく効果はありますが、なかには漠然と祈った時のほうが効果が大きかったという報告があります。また、祈りは、祈る人自身にも、血圧降下や心臓病ほか、あらゆる病気に直接的間接的に、大きな影響があることが、科学的に証明されています。

西欧諸国では、いま祈りの科学的研究が大変盛んで、１２００以上の研究事例があります。そしてアメリカ人の82パーセント以上の人が、祈りによる効果を信じていると言います。アメリカでは医師の50パーセントが患者の為に祈り、43パーセントが医療現場で祈りをおこなっているといいます。このように祈りは、人を癒し、元気にしていく現実的な力を持っているということです。

人間の意識の力は、他のどんな力、どんな科学的法則よりも優位に働きうるという真実があるからです。つまり、奇跡は起きるのです。

実は、私達がゆるぎない現実だと思っていることは、圧倒的多数の人の思いの力でつくりだしている集合意識（人々の意識が集まり、人数倍の相乗効果で一つの強大な意識場がつくられ、それが人々の心に強く影響し、ゆるぎない現実として受け入れられてゆく）によるものなのです。だから論理的科学的には起きえない奇跡であろうとも、私達人間が強く思い願い信じることは必ず現実化するのです。思った通りになる、言葉通りになるのです。

地球上で起きている現実を変えるには、少人数では不可能です。今、多くの人々の心が大きく変わり始めています。今なら、皆で力を合わせて現実を変え、地球を平和な星にできるという希望が持てます。

祈りの言霊である真言は、今まで心の奥（潜在意識）に貯まった言葉、つまり思いこみを消し、マイナスを消します。そして祈りの言葉がもつ大調和のエネルギー、愛のパワーが働き始めるのです。その時にあらゆる地球上の不調和は消えてゆきます。

今、考え方の枠組み（パラダイム）を大きく変えるべき大変革の時期です。パラダイムシフトが必要です。人類は、時代が変わるごとに苦難の末、パラダイムを変えてきました。

例えば大混乱の末に、天動説から地動説に変わりました。江戸時代から明治維新へと日本人は生き方を大きく変えました。江戸時代に誰が「そのうち人類は空を飛べる、そして江戸から京都に瞬時に書状を送れる」、そんな時代が来ると予測したでしょうか？　しかし、いまや飛行機で空を飛び、ファックスやメールのやり取りは常識です。

テイクの時代からギブの時代、戦いの時代を終わりにして、平和と調和の満ち溢れた日本に、世界にする時です。それを可能にするのは、「祈り」です。

祈りとは決して宗教行事のことではありません。古き良き時代、私達は日常生活の中で自然に祈っていたのです。私達も日常の会話や手紙に「お幸せをお祈りしています」とか「成功を祈ってるよ」などと言いますね。また七五三や初詣、結婚式、葬式では普段祈らない人も、素直に祈ります。これは私達の潜在意識の奥底に「祈り」がちゃんと存在しているからなのです。

私達人間の心に本来自然にある「祈り」という行為によって、マイナス消しをおこなわないと、人間は動物的な本能が働いてエゴで生きてしまうという一面をもっています。

祈りを失った現代社会は、エゴによる争いをとどめるために法律などルールを作り、その強制力によって秩序を維持してきました。

しかし、ルールで規制され縛られ自由や自発性を失うと、残念なことに本当の安らぎや愛、生きる喜びは湧いてこないのです。

その上、競争社会によるストレスが加わり、孤独な人が増えて、多くの青少年が引きこもったり無気力になり、60パーセントの人々が何らかの病をもっていて、先進国ほどうつ病大国なのです。すべて祈りという叡智を無くしてしまった人類の現代病ではないでしょうか。

祈りという人間の意識の力をもってすれば、東日本大震災の後の復興や福島原発の事故と放射能汚染の問題、うつ病や癌になる人が多発している問題、青少年の引きこもりやいじめの問題、環境問題も、必ず無事に収束できると思うのです。

祈りによって人間の我欲（テイクの意識の元凶であり、不安と争いの元になる本能的な思い）を超え、感謝と支え愛の生き方に戻ることができる……祈りは普遍的な人類の叡智なのです。

実は、「ありがとうございます」は宗教宗派をすべて超えた祈りの言葉なのです。いま、人類は究極の危機的事態におちいっています。強いパワーのある祈り言葉をもって祈らなければ、もう間に合わない、だから今この時代に最大最強の祈り言葉「ありがとうございます」という真言が降りてきたのです。本当に不思議で、神わざとしか思えません。

「ありがとうございます」は個人的感情としての感謝の気持ちをはるかに超えた素晴らしい真言なのです。

それは、何よりも私の目の前でたくさんの不思議な変化を見せてくださった受講生の方々、著書の読者が証明してくださいました。私自身にも幾多の奇跡が起きました。私の原点は、私や受講生、読者の方々に現実に起きたリアルな出来事、現象から学んだことです。

事実は、どんな理論よりも雄弁に真実を教えてくれました。私はもともと唯物論者で論理思考の人間でしたが、目前で起きた幾多の出来事は決して否定はできませんでした。

一人でも多くの方が、この「ありがとうございます」の祈りである感謝行を実践していただけることを願ってやみません。

その為に、笑顔セラピーは、自分の人生を、本物の幸せ、安らぎと喜びに満ち溢れた愛の世界に暮らす為の具体的、実践的セミナー「無条件の幸せセラピー」を、実施しております。感謝行に邁進して下さった方自身の人生はもちろん、ご家族、友人など縁者はことごとく運気が上がり、感謝行の実践者のまわりは笑顔に満ちてゆき、無条件の幸せの中で暮らすことになります。

あなたも、世界最高のボランティアである感謝行の実践者になり、本物の幸せ、無条件の幸せいっぱいに暮しませんか？
あなたのお幸せを心から祈っております。
世界人類が平和でありますように。ありがとうございます。

西宮ＩＮＯＲＩルームにて　のさかれいこ

巻末付録

すぐ叶う！　幸運を引き寄せる

「魔法のワーク」

実践で人生が変わる！
拡大コピーしてお使いください

※拡大コピーしてお使いください。

※「身近な人のいいところ100個見つけシート」としても
お使い下さい。

26	
27	
28	
29	
30	
31	
32	
33	
34	
35	
36	
37	
38	
39	
40	
41	
42	
43	
44	
45	
46	
47	
48	
49	
50	

（例）

- 性格が前向き
- 明るい
- 世話好き
- 粘り強い
- 滑舌がいい
- 料理上手
- 素直
- 根が真面目

♥自分のいいところ100個見つけシート

下の例のように、どんな小さなことでもOKです。あなたのいいところ、めぐまれていると思うところを100個書いてください。

1	
2	
3	
4	
5	
6	
7	
8	
9	
10	
11	
12	
13	
14	
15	
16	
17	
18	
19	
20	
21	
22	
23	
24	
25	

（例）

- 肌が丈夫
- まつげが長い
- 歯並びがいい
- 声が大きい
- 爪の形がいい
- 足が速い
- 体が柔らかい
- 髪にツヤがある

76
77
78
79
80
81
82
83
84
85
86
87
88
89
90
91
92
93
94
95
96
97
98
99
100

（例）

- 母が元気でいてくれる
- 旅行の計画を立てるのがうまい
- アルバイトリーダーに仕事が速いとほめられた
- 責任を持って仕事をやりこなせた
- お父さんがいつも駅に迎えにきてくれる
- 高校のとき部活を毎日がんばった
- 会社の忘年会の幹事をやったら好評だった
- ハーフマラソンを走りきれた

51
52
53
54
55
56
57
58
59
60
61
62
63
64
65
66
67
68
69
70
71
72
73
74
75

（例）

- よく相談をもちかけられる
- 冷静な判断ができる
- カラオケが得意
- よく気が利くと言われる
- 流行に詳しいほうだ
- お酒が強い
- 物事をじっくりと考えられる
- いっしょにいると落ち着くと言われる

□ **人のためにできることを積極的にやっている**

→

□ **自分が好き**

→

□ **人が好き**

→

□ **ときどき自然に接している**

→

アドバイス

まわりの人に笑顔を向ける、人のために「ありがとうございます」を唱える、電車やバスで席を譲る、人の手助けをする、人の相談事を一生懸命聞くなど、あなたが人のためにできることを意識して始めてみます。

自分が嫌いな人はもちろん、自信のある人もさらに自分を好きになるために、「自分のいいところ100個見つけシート」(前ページに掲載)に、自分のいいところを書いていきます。そして、毎日それを読んでは「いまの自分が大好きです。ありがとうございます」と、自分に「ありがとう」を送ります。

「自分のいいところ100個見つけシート」を「身近な人のいいところ100個見つけシート」に変え、まわりの人、特に家族など、あなたの大切な人のいいところを100個を目標に書いていきます。いままで気づかなかったり忘れていたいいところをたくさん見つけてください。身近な人を見るあなたの視点が変わると、あなたの人間観、人生観までが変化していきます。

人間は自然の一部であることを忘れがちです。ときどきは、山や海、川原など、自然の中に出かけて、大自然から大きなエネルギーを受け取りましょう。出かけられない時でも、花を生けたり、観葉植物に水をやったりして、植物とふれあいます。また、忙しい時ほど、自然の写真やビデオを眺めるなど、自然を身近に感じる時間を持ちます。

もっと幸せになるためのチェックシート

あなたは調和の時代にマッチする生き方をしていますか。

まだできていない項目がある人は、その項目のアドバイスを参考にして、すべての項目に○がつくことを目指してください。

	アドバイス
□ 夢や目標がある	夢ノートを１冊つくって、やりたいこと、ほしいものをどんどん書いていきます。絵で表現するのも楽しいものです。具体的に言葉やイメージにして「ありがとう」を唱えると、夢は現実化します。
□ 笑顔が身についている	心からの笑顔が出ないときは、つくり笑顔でオーケーです。いい笑顔をするために笑顔体操（37ページ参照）と笑顔計画表を実践します。
□ 出来事をプラスに受けとめられる	風邪を引いたら、「あっ、休養させてもらえるんだ」とか「ちょっと立ち止まってまわりを見回してごらんってことかな」と考えます。人に裏切られたら、「自分のどこが相手を傷つけたのかな。とても大切な学び、ステップアップのチャンスが来た」と思うのが、プラス思考です。つらいことがあったら、「これでよかった。ここから気づく。ここから成長する。ありがとうございます」という自己暗示用語を唱えます。その時にはわからなくても、「あの出来事があったから成長できた。幸せになれた」と思える日が必ず来ます。
□ 自分らしくイキイキとできる時間がある	どんなに小さなことでも、ささいなことでもいいから、自分が好きなことを見つけ、楽しむ時間を見つけましょう。必要ならそのための費用もつくります。

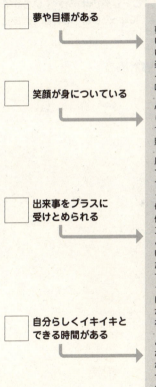

〜 笑顔計画表 〜

ただ漠然と、笑顔であいさつをしよう、ハキハキ返事をしようと思っているだけでは、意外に実行できないものです。下のような表に具体的な計画を書き出して、実行しましょう。最初は、5つくらいの計画でいいので、それが実践できるようになったら新たな計画を書き加え、笑顔の時間を増やしましょう。

私の笑顔計画表

	誰に	どこで	いつどんなとき どんなタイミングで	どんな気持ちで （どんなイメージで）	なぜ どんないいことが 起きるか
1					
2					
3					
4					
5					

この本の内容をさらにステップアップした内容の

スピリチュアル・セミナー
「無条件の幸せセラピー」ご案内

真理を自分の人生に照らし体得し、本物の幸せになるためのセラピーです。

実践はとてもシンプル、感謝行の徹底した実践と笑顔づくりだけ。

感謝行により、あるがままの自分で、安らぎと生きる喜びがいっぱいになります。ただ、そのためには大切な思い方のコツとポイントがあります。

思い方を変えるだけで必ず、本物の幸せに必ずなれます。

むずかしい知識を得ることより「簡単で今すぐできる」「人間関係や健康面が必ずよくなる、そして運が開け人生が確実に良くなる」を大切にしたセミナーです。質問や相談のコーナーもあるので、人生が変わるまで続けての受講をおすすめします。

★この本の内容に即した「通信講座」無条件の幸せを目指す個人指導付コース「本気ＤＥ実践コース」「笑顔セラピスト養成コース」もあります。
「笑顔とありがとうの暦31日」高波動のありがとうのCDが３種類あります。

★高波動『ありがとうシール』『えくぼちゃんシール』プレゼント
返信用封筒（大きめの封筒なら多くのシールを送れます）に、お名前・ご住所をお書きの上、140円切手を貼り『笑顔セラピーシールプレゼント係』までお送りください。

笑顔セラピーのご案内パンフレットも同封の上、お送りします。

詳しい情報は、「ありがとうございます・笑顔セラピーねっと」のホームページでもご覧いただけます。

URL:http://www.egao-therapy.net
E-mail：2525@egao-therapy.net
TEL:06-6351-7892　FAX:0798-55-5653
〒662-0873
兵庫県西宮市一ヶ谷町1-54-509

えくぼちゃんメール会員にご登録ください。（無料）

（ホームページからも登録可）あなたの幸運のために大切な、のさかれいこのひと言、元気になる情報、笑顔セラピーのセミナーの情報をタイムリーに発信。携帯用高波動壁紙、着メロプレゼントします。左のＱＲコードを携帯電話のカメラモード内のＱＲコード読み取り機能で写し、画面の案内に従って情報を入力し、送信してください。

本書は2011年『「私らしい」幸せが必ず見つかる 笑顔の魔法』として
小社より刊行されたものを大幅に加筆・修正したものです。

青春文庫

あなたに奇跡《きせき》を起《お》こす
笑顔《えがお》の魔法《まほう》
心《こころ》から笑《わら》えなくても大丈夫《だいじょうぶ》

2017年12月20日　第1刷

著　者　のさかれいこ

発行者　小澤源太郎

責任編集　株式会社プライム涌光

発行所　株式会社青春出版社

〒162-0056　東京都新宿区若松町12-1
電話　03-3203-2850（編集部）
03-3207-1916（営業部）
振替番号　00190-7-98602

印刷／大日本印刷
製本／ナショナル製本
ISBN 978-4-413-09686-7

ほんとうのあなたに出逢う ◆ 青春文庫

論理のスキと心理のツボが面白いほど見える本

ビジネスフレームワーク研究所［編］

「説得力」のカラクリ、すべて見せます。アタマもココロも思いどおりにできる禁断のハウツー本。

(SE-680)

なぜか子どもが心を閉ざす親 開く親

加藤諦三

一見、うまくいっている親子が実は危ない。知らずに、子どもの心の毒になる親の共通点とは！

(SE-681)

知られざる幕末維新の舞台裏 西郷どんと篤姫

中江克己

たった一度の出会いながら、深い縁で結ばれていた二人の運命とは！——大河ドラマがグンと面白くなる本

(SE-682)

刀剣・兜で知る戦国武将40話

歴史の謎研究会［編］

塩の礼に信玄が送った名刀の謎。大槍「蜻蛉切」に隠された本多忠勝の強さの秘密…。武具に秘められた波乱のドラマに迫る！

(SE-683)

ほんとうのあなたに出逢う◆青春文庫

自分の中に毒を持て〈新装版〉

あなたは〝常識人間〟を捨てられるか

いつも興奮と
喜びに満ちた自分になる。
口絵が付き、文字も大きくなりました。

岡本太郎

(SE-684)

史記と三国志

天下をめぐる覇権の興亡が一気に読める！

その時、本当は何が起きていたのか。
始皇帝、項羽、劉邦、諸葛孔明…
運命をかけたドラマ、その全真相。

おもしろ中国史学会［編］

(SE-685)

笑顔の魔法

あなたに奇跡を起こす

毎日の人間関係、仕事、恋愛、家族……
気がつくと、嬉しい変化が始まっています。
全国から喜びの声が寄せられる〝魔法の習慣〟

のさかれいこ

(SE-686)

※以下続刊